RE
69...
AF403240

LE BUREAU D'ESPRIT.

LE BUREAU D'ESPRIT,

COMÉDIE en cinq Actes & en profe.

Time-makes more converts then reafon.

Le temps fait plus de profélites que la raifon.
Le Sens commun, *page* I *Introd.*

A LIÉGE,

Chez BOUBERS, Imprimeur-Libraire.

M. DCC. LXXVI.

PRÉFACE.

LA COMÉDIE que l'on donne aujourd'hui au Public, eſt le fruit d'une eſpece de défi. Il ne reſte pas un ſeul caractere à traiter, me diſait un jour quelqu'un, nos devanciers ſe ſont emparés de tout ; on aura beau faire, il faudra les répéter. Je lui répondis, que le champ ou Thali peut moiſſonner eſt inépuiſable, parce que les ſottiſes & les ridicules des hommes ſont ſans bornes, & que perſonne ici-bas n'en eſt éxempt. A ce compte, me dit - il, vous avez donc les vôtres ? Oui, ſans doute, repliquai - je, & ſi j'étais dans un point de vue aſſez remarquable pour qu'on fît attention à moi, peut-être aurais-je l'honneur un jour d'être *un ſujet* qu'on traiterait ; & je ne ſuis pas homme à m'en fâcher, parce que je verrais bien que chacun de mes voiſins, mis à ma place, fournirait à un bon obſervateur de quoi me procurer ma revanche. Vous ſavez à merveille, répartit - il, que tout ce qui eſt criminel & vicieux ne ſaurait être l'objet de la Comédie. Mon ami, lui dis-je, renfermons-nous dans les ridicules, & je vous réponds que nous ne ſommes pas prêts de les épuiſer.

Cette converſation amena inſenſiblement ſur le tapis, quelques hommes célebres de ce ſiecle. Après vj

avoir loué leurs Ouvrages, mon ami s'émancipa
à fronder quelques-unes de leurs préventions :
il déclama fur-tout contre les prétentions exclu-
fives de certain defpotifme, fondé fur une opinion
exagérée de leur propre mérite. Eh bien, lui
dis-je, ne voilà-t-il pas le ridicule tout trouvé ?
Cela eft vrai, répondit-il, & ce n'eft pas le
moins infupportable de tous ; mais quel eft l'homme
affez hardi pour le mettre au grand jour ? Celui,
continuai-je, qui préférera la vérité aux louanges,
qui aura l'intrépidité de braver leur *ire* poëtique,
& affez de bon humeur pour rire de leurs traits.
Je voudrais bien voir ce mortel-là, me dit-il ;
croyez-vous, répartis-je, que perfonne ne lui en
faurait gré ? foyez perfuadé qu'il eft bien des
gens raifonnables qui font las de porter le joug.

Rempli de cette idée, j'ai eu la témérité de
hazarder mes portraits avec quelqu'efpoir qu'il fe
trouvera plus d'un original à qui les traits pour-
ront convenir. Je déclare à ceux qui pourraient fe
fâcher, que, pour moi, leur colere n'aura d'autre
effet, que de donner plus de faillie aux travers
qui obfcurciffent leurs talens. Nouvelle Comédie
par conféquent, où je promets de refpecter toujours
les mœurs & les perfonnes.

J'offre & je dédie ma piece à tous les Gens de
Lettres défintéreffés, & qui ne font d'aucun parti ;
à tous les hommes fenfés, qui favent bien que
rien n'eft plus abfurde dans le monde que de fe
croire parfait, & parfait tout feul, & qui penfent
que les autorités tranchantes & les décrets irré-
vocables des Auteurs privilégiés, font les fléaux
des Arts & des Sciences. Si ces deux claffes-là

trouvent ma Comédie criminelle, je la condamne moi-même de grand cœur.

Je ne m'amuse pas à demander de l'indulgence, je sais très-bien qu'on n'en aura pas beaucoup pour moi, excepté, peut-être, le petit nombre de ceux qui pourraient trouver mon intention assez louable pour me pardonner un attentat de cette Philosophie.

ACTEURS.

Mme. DE FOLINCOURT. *née Geoffrin*

ANGELIQUE.⎱ *Niéces de Madame de Fo-*
HENRIETTE. ⎰ *lincourt.*

D'OLMONT, pere. *le Baron d'Holbac*

D'OLMONT, fils, *Amant d'Henriette.*

M. COCUS, *Antiquaire.* *M. C....*

M. CUCURBITIN, *Chymiste.*

RECTILIGNE, *Géometre.* *D'Alembert*

Le Marquis D'ORSIMONT, *Bel-esprit.* *Condorcet*

M. CALCAS, *Bel-esprit, partisan d'Homere.* *l'abbé ...*

M. THOMASSIN, *Auteur.* *Thomas*

M. FARIBOLE, *Auteur.* *Marmontel.*

M. DULUTHÉ, *Journaliste & Poëte.* *La Harpe*

Un Notaire.

LISETTE, *Suivante.*

Grouppe de Savans & de Beaux-esprits.

Des Laquais.

La Scène est à Paris, chez Madame de Folincou

LE BUREAU
D'ESPRIT.

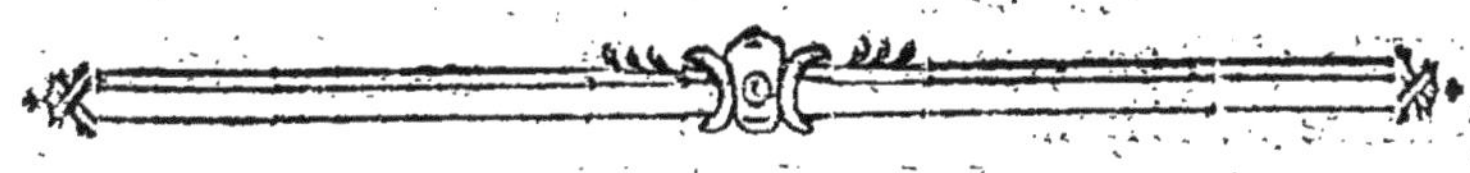

ACTE PREMIER.

SCENE PREMIERE.

D'OLMONT, pere, D'OLMONT, fils, LISETTE.

LISETTE.

EH ! mon Dieu, Messieurs, que venez-vous faire ici.

D'OLMONT, pere.

Ce que j'y viens faire ? D'accord avec mon ami Lisimon, j'ai amené mon fils pour épouser sa fille.

LISETTE.

Ah ! Monsieur, on n'épouse point ici.

D'OLMONT, pere.

Eh ! qui fait-on ?

LISETTE.

On y disserte, Monsieur.

D'OLMONT, pere.

Oh ! si l'on n'y faisoit que cela, tu n'y serois bonne à rien.

A

D'OLMONT, fils.

Mon pere a raison; Lisette a des yeux qui annoncent une occupation moins stérile.

LISETTE.

Vous êtes galant, M. d'Olmont; mais je vous avertis que cela ne fera pas fortune dans cette maison.

D'OLMONT, fils.

Eh, que faudroit-il donc être?

LISETTE.

Ce qu'il faudroit être? Mais dites-moi donc, s'il vous plaît, de quel coin du monde arrivez-vous donc? & notre réputation . . . .

D'OLMONT, fils.

Elle n'est pas, je te jure, parvenue jusqu'à moi, & j'arrive de Dijon.

LISETTE.

De Dijon? Vous n'avez pas entendu parler de nous? C'est donc *ultra sauromatas*,

D'OLMONT, fils.

Comment donc! vraiment Lisette parle latin.

LISETTE *faisant une révérence.*

Comme ma maîtresse, Monsieur, mais je ne l'entends pas.

D'OLMONT, fils, *riant.*

Ah, ah, ah,

LISETTE.

Vous riez, Monsieur? Allez, allez, vous pouvez retourner à Dijon,

D'OLMONT, pere.

Après la nôce, s'entend.

D'OLMONT, fils.

Et avec l'aimable Angélique,

LISETTE.

L'aimable Angélique! cela vous plaît à dire; non, Monsieur, non, l'aimable Angélique n'ira point à Dijon,

D'OLMONT, pere.

Eh où diable veux-tu donc qu'elle aille?

LISETTE.

A Varsovie, Monsieur, à Varsovie.

D'OLMONT, fils.

Comment! à Varsovie?

LISETTE.

Oui, Monsieur, à Varsovie, avec Madame de Folin=
court, sa très-honorée & très-illustre tante, d'où, après
avoir pacifié la Pologne, nous comptons aller achever
de débarbouiller les Russes.

D'Olmont pere & d'Olmont fils rient.

D'OLMONT, pere.

Tu extravagues, mon enfant.

LISETTE.

J'extravague, j'extravague ? Sçavez-vous bien que les
Têtes couronnées nous écrivent, que les Républiques
nous consultent, que . . . . .

D'OLMONT, fils.

Ah ça, Lisette, explique-toi sérieusement.

LISETTE.

Oh, très-sérieusement ; tournez-moi le dos que je
vous regarde.

D'OLMONT, fils.

Comment le dos ?

LISETTE.

Oui, Monsieur, le dos, c'est par-là que ma maîtresse
juge son monde ; & en voyant comment un homme à les
épaules placées, elle décide d'abord si c'est un sot, ou
un homme d'esprit.

D'OLMONT, pere.

C'est un rare talent.

LISETTE.

J'avoue que je suis moins avancée qu'elle dans la *phi-*
siologie ; ainsi permettez tout bonnement que je vous in=
terroge.

D'OLMONT, fils.

Volontiers.

LISETTE.

Etes-vous sçavant ?

D'OLMONT, fils.

Pas autrement.

LISETTE.

Bel esprit ?

D'OLMONT, fils.

Dieu m'en préserve.

A ij

LISETTE.

Auteur imprimé, ou écrit à la main?

D'OLMONT, fils.

Ni l'un, ni l'autre.

LISETTE.

Oh, Monsieur, retournez à Dijon.

D'OLMONT, fils.

Comment donc?

LISETTE, (*à d'Olmont pere*).

Oui, Monsieur, à Dijon. A vous la balle, Monsieur.

D'OLMONT, pere.

A moi?

LISETTE.

Etes-vous Mathématicien?

D'OLMONT, pere.

Non.

LISETTE.

Physicien?

D'OLMONT, pere.

Point.

LISETTE.

Géometre?

D'OLMONT, pere.

Je sçais précisément autant d'arpentage qu'il en faut à un Seigneur de paroisse.

LISETTE.

Economiste?

D'OLMONT, pere.

Tu veux dire Œconome.

LISETTE.

Le barbare! (*très-vite*) Artiste, Naturaliste, Chimiste, Botaniste, Machiniste, Minorologiste, Sophiste?..

D'OLMONT, pere.

Bon Dieu, quel caquet! non, non, non, non..

LISETTE, *très-vite.*

Moliniste, Janseniste, Anabatiste?

D'OLMONT, pere, *avec impatience.*

Eh non, mille fois non, te dis-je.

LISETTE.

Eh bien, Monsieur, repartez aussi pour Dijon.

5

D'OLMONT, pere.
Que veulent donc dire toutes tes plaisanteries ridicules?

LISETTE.
Ridicules ? Monsieur, parlez avec moins d'irrévérence & de liberté dans le temple des muses & de la philosophie.

D'OLMONT, fils.
Comment ! mais voilà des hôtes bien sublimes ! y viennent-ils souvent ?

LISETTE.
Deux fois la semaine, le Lundi est pour les sçavans, & le Mercredi pour les beaux arts. Vous arrivez bien mal-à-propos. Ces Messieurs se réunissent aujourd'hui pour faire leurs adieux à Madame qui part pour la Pologne.

D'OLMONT, pere.
Oh bien, j'espere que nous ne serons point de trop. L'affaire qui nous amene en vaut bien la peine, elle peut se conclure dans la journée. Une fois terminée, la bonne Dame de Folincourt peut partir pour la Chine, si elle veut, avec la philosophie & le parnasse tout entier. Nou sne lui demandons qu'Angélique.

LISETTE.
Angélique ? Elle est du voyage, Monsieur.

D'OLMONT, pere.
Comment ! du voyage ? mais il n'entre pas le sens commun . . . . .

LISETTE.
Oh, miséricorde ! il n'a jamais mis les pieds ici.

D'OLMONT, fils.
Oh ça, treve de raillerie, ma chere Lisette, Madame de Folincourt tient donc académie ?

LISETTE.
Et table aussi, Monsieur.

D'OLMONT, fils.
Je m'en doute bien.

LISETTE.
Oh, ces gens là parlent comme des perroquets, & mangent comme des autruches.

D'OLMONT, fils.
Mais Angélique auroit-elle donné dans tout ce fatras ?

LISETTE.

Oui, Monsieur, Mademoiselle Angélique est aussi sublime que Madame sa Tante, elle sera la protectrice du siécle à venir.

D'OLMONT, fils.

A ce compte-là, mon pere, je pourrai fort bien en effet repartir pour Dijon.

D'OLMONT, pere,

Tu sçais, mon fils, que mon ami Lisimon ta laissé le choix de ses deux filles : si Angélique est trop sçavante pour toi, Henriette. . .

LISETTE.

Ah, Monsieur, que dites-vous là? la pauvre enfant n'est sortie du Couvent que depuis huit jours, Madame, qui ne lui trouve pas la moindre disposition aux sciences, parle déjà de l'y faire retourner ; & comme elle destine ses grands biens à celle qui lui ressemblera, je crains qu'elle ne déshérite Henriette.

D'OLMONT, pere, *avec affliction.*

Comment ! mais ceci deviendroit différent. . . . mais tu rêves, mon fils.

D'OLMONT, fils.

Oui, mon pere, je pénétre tous les obstacles que nous trouverons ici ; & s'il faut que je vous l'avoue, Henriette avoit déjà fixé mon choix, si vous vouliez me permettre de conduire cette affaire avec Lisette, il me semble que j'ai la clef du cœur de Madame de Folincourt.

D'OLMONT, pere.

Mais que ferois-tu ?

D'OLMONT, fils.

Si Lisette veut accepter pour gage de ma reconnoissance ce bijoux, & tout concerter avec moi, nous n'aurons point perdu notre voyage. Je devine la tante, & je parviendrai à la niece.

LISETTE.

Oh, Monsieur, s'il s'agit de faire piece à ma maîtresse pour son bien & pour le vôtre, je suis tout à vous. Mais je l'entends.

D'OLMONT, fils.

Retirons-nous, mon pere, il n'est point à propos

qu'elle nous voie, ni que vous lui remettiez encore la lettre de Lisimon. Toi, Lisette, tu viendras nous joindre.

LISETTE.

Oui, oui, mais retirez-vous vîte. C'est aujourd'hui un jour scientifique, le mal seroit double si Madame vous voyoit au sortir de son cabinet; elle est un peu ours dans ces momens-là.

SCENE II.

MADAME DE FOLINCOURT, LISETTE.

Mme. DE FOLINCOURT, *(lisant & s'arrêtant avec distraction).*

AH ! c'est vous, Lisette. . . . .

LISETTE, *d'une voix basse.*

Oui, Madame.

Mme. DE FOLINCOURT, *méditant.*

Ces anciens avoient bien de la supériorité sur les siécles qui ont suivi. En vérité, quand on a lu Pline & Columelle, on voit bien que le Cuisinier François n'est qu'un Barbare. Oh, pour le coup, mes amis, je vous réserve pour vos adieux un repas digne d'Appius . . . Lisette?

LISETTE.

Madame.

Mme. DE FOLINCOURT.

Monsieur Cucurbitin n'est-il point arrivé?

LISETTE.

Non, Madame.

Mme. DE FOLINCOURT.

Il aura sans doute laissé ses ordres à l'office & à la cuisine.

LISETTE.

Ce gros Monsieur qui parle toujours grec, & qui a si bon appétit, a laissé hier à votre Maître d'Hôtel un long bordereau qui l'a bien fait rire.

Mme. DE FOLINCOURT, *lisant toujours.*

L'ignorant!

8

LISETTE.

Il a d'abord demandé s'il falloit envoyer cela chez votre apothicaire.

Mme. DE FOLINCOURT, *lifant.*

L'empoifonneur! Malheureufe! que n'as-tu lu le repas de Trimalcion.

LISETTE.

Votre Maître d'Hôtel cependant, Madame, a bien du talent. Il a fervi deux Prélats, trois Financiers, la maîtreffe d'un gros Bénéficier..... & je doute que ce Monfieur Trimalcion....

Mme. DE FOLINCOURT.

Ce Monfieur Trimalcion, imbécille, étoit l'Empereur Néron. L'ingenieux Petrone rapporte....

LISETTE.

Oh, Madame, je vous demande pardon, je n'avois pas l'honneur de les connoître.

Mme. DE FOLINCOURT.

Les Romains n'avoient jamais pouffé le luxe de la table auffi loin.

LISETTE.

Oh ça, mais en confcience, Madame, on ne peut pas difputer des goûts. Tout cela peut être fort bon pour des Romains; mais il y a de quoi empoifonner des Parifiens.

Mme. DE FOLINCOURT, *avec pedanterie.*

Oui, certains Parifiens; mais toute perfonne un peu inftruite dans l'antiquité, & revenue des erreurs vulgaires par la connoiffance d'une phyfique faine, extraira plus de poifon d'un petit fouper, que des immenfes repas de Rome.

LISETTE.

Je fuis accoutumée, Madame, à admirer toutes les belles chofes que je vous entends dire; mais pour cette cuifine-là.....

Mme. DE FOLINCOURT.

Patience, Lifette, tu t'y feras. Pour aujourd'hui, je ne te demande que d'avoir l'œil à ce que les ordres de M. Cucurbitin, & du docte M. Cocus, foient exactement fuivis.—A-t-on apporté les fiéges antiques?

LISETTE.

LISETTE.

De grand matin, Madame, votre tapissier est venu ajuster dans la salle à manger vingt matelas, & le double de coussins sur des trétaux.

Mme. DE FOLINCOURT.

Bon, & le lustre ?

LISETTE.

On l'a décroché, à sa place on a suspendu une grosse lampe de cuivre rouillé.

Mme. DE FOLINCOURT.

A merveille : cette lampe, Lisette, est celle de l'Empereur Auguste.

LISETTE.

Ma foi je l'avois soupçonné, Madame, d'avoir servi de lampion à la porte des Danseurs de Cordes.

Mme DE FOLINCOURT.

Tu es bien à plaindre d'ignorer ainsi le prix des choses.

LISETTE.

Hélas ! Madame, je le sens ; mais voici M. Cucurbitin qui vous rendra compte lui-même de tout ce que vous me demandez.

SCENE III.

LES MÊMES, M. CUCURBITIN.

M. CUCURBITIN, pesamment.

EN vérité, Madame, si l'éclat de ce jour n'étoit un peu obscurci par le nuage qu'y répand la crainte de vous perdre, il seroit d'autant plus beau qu'il va faire renaître sous vos yeux & sous ceux de votre savante société, tout le luxe des Anciens, rectifié par le mélange du goût moderne.

Mme. DE FOLINCOURT.

C'est au savant M. Cocus, & à votre sagacité, Monsieur, que je dois le plaisir de la surprise que je ménage à tous nos Illustres.

B

M. CUCURBITIN.

Que nos Sibarites, Madame, extollent toute leur mince délicatesse, & leurs rafinemens, je vous réponds qu'il faut fouiller dans les usages antiques pour trouver excellent.

Mme. DE FOLINCOURT.

Cependant, M. Cucurbitin, ce siecle a bien des lumieres.

M. CUCURBITIN.

Oh, Madame, vous en êtes le flambeau.

Mme. DE FOLINCOURT.

A la vérité, je puis me flatter d'y avoir un peu contribué. Je remercie souvent la Fortune de m'avoir mis à portée d'accueillir la Philosophie persécutée, & de lui offrir un asyle.

LISETTE, à part.

Oh, vous n'avez qu'à la regaler deux ou trois fois comme cela, & je vous réponds qu'elle prendra congé.

Mme. DE FOLINCOURT.

Que dites-vous-là, Lisette?

LISETTE.

Je dis, Madame, que la chere de Trimalcion suffiroit à tous les Philosophes présens, passés & à venir, pourvû que la philosophie ne se connoisse point en sauce.

M. CUCURBITIN.

En sauce, ma mie? La morale est la sauce de l'ame; mais il n'appartient pas moins à la Philosophie de régler celle du corps. L'analogie est si grande entre toutes les parties de nos êtres, & l'intimité si immédiate, que l'on pourroit vérifier par la Chymie, que l'esprit d'un homme se ressent des alimens: ceux-ci par leur flogistique....

Mme. DE FOLINCOURT.

Oh, oui, Monsieur, le flogistique. . . . . C'est merveilleusement bien pensé . . . entends-tu, Lisette, le flogistique?

LISETTE.

Le flogistique! . . . . non, Madame, en vérité, je n'entends point cela.

Mme. DE FOLINCOURT.

Le flogistique. c'est . . . c'est . . . . Dites donc, Monsieur, ce que c'est.

M. CUCURBITIN.

Dans les regnes de la nature, fçavoir, le végétal, le minéral, l'animal. . . . .

LISETTE *en riant.*

L'animal!

M. CUCURBITIN.

Eh oui, l'animal. Le flogiftique même y abonde, c'eft une qualité productive, expanfive, entendez-vous bien?

Mme. DE FOLINCOURT.

Oh, à merveille, Monfieur!

LISETTE.

C'eft donc là le flogiftique?

M. CUCURBITIN.

Eh oui, voilà le flogiftique.

LISETTE, *avec une révérence.*

Monfieur, j'en fuis ravie.

Mme. DE FOLINCOURT.

Le tems fe paffe, Monfieur Cucurbitin.

M. CUCURBITIN.

Je fuis étonné, Madame, que le docte M. Cocus ne foit point encore arrivé, pour vous préfenter l'état de la fête qu'il a préparée par vos ordres. Oh ce fera quelque chofe d'admirable.

Mme. DE FOLINCOURT.

Oh, je m'y attends.

M. CUCURBITIN.

J'ai tout analyfé fur le papier, & je ne doute pas que cette étonnante épreuve ne caufe une révolution dans le phyfique de nos mœurs.

LISETTE.

Ou du moins dans vos eftomacs.

M. CUCURBITIN.

Cela fera du bruit, Madame, cela fera du bruit. Tous nos Journaux en parleront, & jufqu'au pôle glacial nos correfpondans réformeront la cuifine.

LISETTE.

Ah. Voici l'ordonnateur. Saififfons le moment pour joindre M. d'Olmont. *(Elle fort).*

SCENE IV.

LES MÊMES, M. COCUS.

Mme. DE FOLINCOURT.

Arrivez donc, Monsieur Cocus, & satisfaites mon impatience?

M. COCUS.

J'ai découvert, Madame, un ancien manuscrit précieux, & que je serois bien fâché de n'avoir pas parcouru avant d'étaler l'antiquité sur votre table.

Mme. DE FOLINCOURT.

Oh ! Monsieur, l'heureuse découverte.

M. COCUS.

Il est du tems des Grecs; j'ai de fortes raisons de le soupçonner d'un certain Clariclas, autrefois Maître d'Hôtel d'Alcibiade. Monsieur Cucurbitin cela va faire tort à votre chymie moderne; on y voit qu'on se servoit déjà du serpentin, & je crois d'après cette autorité, que c'étoit alors un ustensile de cuisine : en vérité, Madame, l'antiquité est bien étonnante!

M. CUCURBITIN.

Je l'ai toujours pensé comme vous, Monsieur, & après un sommeil de plus de vingt siécles, la science ne fait que renaître sous nos mains.

M. COCUS.

Grace à la moderne Uranie.

Mme. DE FOLINCOURT.

Oh! Monsieur Cocus! je ne m'attendois pas que la découverte du serpentin, m'attireroit un compliment.

M. COCUS.

Un compliment, Madame, dites donc un hommage.

Mme. DE FOLINCOURT.

Venons au fait.

M. COCUS.

Volontiers, j'avois feuilleté Varron, Columelle, Pline,

Pline, Petrone, pour composer quelque chose de digne de vous; mais depuis la découverte de Clariclas, j'ai bien changé d'avis; emprunter la carte d'un festin chez les Latins, pendant qu'on peut la tenir des Grecs!

Mme. DE FOLINCOURT.

Vous avez bien raison, Monsieur Cocus, un repas grec.....

M. COCUS.

Permettez que je vous obſerve, Madame, que repas n'eſt pas le terme, j'ai dit feſtin; banquet auroit mieux valu; Agape a bien ſon mérite auſſi, mais il eſt furieuſement théologique.

Mme. DE FOLINCOURT.

Oh! oui, Monſieur, banquet eſt le mot.

M. COCUS.

Madame ſe décide donc pour banquet?...: quelle ſagacité!

M. CUCURBITIN.

Merveilleuſe! n'a-t-on pas toujours dit le banquet de Platon.

M. COCUS.

Eh! oui préciſément, le banquet de Platon.

M. CUCURBITIN.

Et en grec, Monſieur?

M. COCUS.

En grec nous diſons.... ne me demandez-vous pas en grec.... banquet en grec?

M. CUCURBITIN.

Oui, Monſieur, en grec.

M. COCUS.

Mais en grec c'eſt...c'eſt.... je vous dirai ça ce ſoir; revenons au banquet de Platon, il ne vaudra pas le vôtre, Madame; il ne ſe trouvoit là que les ſept ſages de la Grèce, & vous aurez tous ceux de Paris.

Mme. DE FOLINCOURT.

En vérité, Monſieur, vous êtes un homme eſſentiel.

M. COCUS.

J'ai penſé, Madame, que les philoſophes devoien

C

imiter les philosophes ; chacun de nous tiendra la place
d'un des convives d'Alcibiade, & comme la divine
Aspasie, vous présidérez à la fête.

Mme. DE FOLINCOURT.

Messieurs, je vous en abandonne absolument le soin,
& je vous prie de commander.

*Cocus & Cucurbitin, sortent, en faisant une grande
révérence*

SCENE V.

MADAME DE FOLINCOURT, seule.

EN vérité, ces deux hommes sont des puits de
savoir ; j'ai assez bien repassé avec eux ma leçon d'antiquité, il faut me préparer à soutenir l'assaut des
beaux esprits, l'exactitude des Géometres, & l'abstrac-
tion des Métaphysiciens... Lisette, Lisette... elle ne
répond pas... Je ne sçai où cette inbécille à mis la
clef de mon bureau, mon répertoire y est enfermé ;
je ne puis rien faire sans cela... Lisette, Lisette....
elle me fera perdre tout mon tems ; on a bien raison
de dire que le jugement profond, & l'heureuse mémoire se recontrent difficilement : pour du discernement j'en ai, j'en ai... prodigieusement ; & je sens
malgré cela, que si je n'avois recours au répertoire,
je resterois souvent muette ; si la cabale savoit cela,
elle ne manqueroit pas d'en rire, comme s'il n'étoit
pas permis de soulager sa mémoire, comme si l'on
manquoit d'esprit, parce qu'on l'a par écrit dans son
cabinet !... Lisette, Lisette....

SCENE VI.

LA MÊME, LISETTE.

LISETTE, *avant d'entrer.*

JE viens Madame.

Mme. de FOLINCOURT.

Elle répondra enfin.

LISETTE.

Me voici.

Mme. de FOLINCOURT, *avec humeur.*

La clef du bureau .... *Elle sort.*

SCENE VII.

LISETTE, *seule.*

OH! nous allons faire notre provision d'esprit pour la journée. Je m'admire de servir cette originale là, après avoir manié toute m'a vie du rouge, des mouches, des boucles naturelles & autres, des rubans & des pompons, ne plus toucher qu'à des bouquins, de la véraille, des instrumens de cuivre pour étudier la Lune; c'est pour nous payer de retour, sans doute, qu'elle donne à nos cervelles si bonne part à ses influences. La drôle de vocation pour une fille! en vérité, c'est bien sortir de son élément. Baste! c'est pour le salut de la pauvre Henriette, & pour servir l'amour généreux & libérale de M. d'Olmont. Ce sera à moi à me dédommager comme je le pourrai, en faisant leur bien & mon profit.

SCENE VIII.

MAD. DE FOLINCOURT, LISETTE,

Mme. DE FOLINCOURT, (*Feuilletant son mémorandum qui doit étre très-gros*).

BONS mots pour la Cour de Varsovie...... Ce n'est point cela..... Elémens politiques applicables à toutes sortes de sujets & d'occasions..... Je n'aurai pas besoin de ce Chapitre aujourd'hui......... Riposte adroite & spirituelles à toutes sortes de louanges. Oh! lisons cet article, enfonçons-nous-y tout à fait. J'en aurai besoin sur-tout au dessert.　(*Elle s'asseoit & lit attentivement*),

LISETTE.

Pour de fades éloges , vous en aurez tout votre saoul, ma chere maîtresse, & vous en payerez la façon.

Mme. DE FOLINCOURT, (*lisant*).

« Un jour que Madame de la Sabliere donnoit à dîner » à plusieurs beaux esprits du tems, Boileau qui étoit » grand admirateur des Grecs »... Oh! cet anecdote est admirable pour la circonstance, & je compte en tirer parti.... Je suis persuadée que cette femme l'avoit bien médité, ce bon mot Retenons-le.

LISETTE, (*à part*).

Entamons notre affaire. (*haut*). Madame, il s'est présenté à votre porte, aujourd'hui, un homme fort extraordinaire.

Mme. DE FOLINCOURT.

(*Lisant toujours, & comme par distraction*).

Fort exrtaordinaire?

LISETTE.

Oui, Madame, il se dit Philosophe: il vient de fort loin.

Mme. DE FOLINCOURT.

(*Lisant toujours*).

De fort loin?

LISETTE.

Oui, Madame, il a dit que le bruit de votre renommée..?

Mme. DE FOLINCOURT, *(Se levant avec empreſſement)*.

De ma renommée!.... Où eſt-il, Liſette, où eſt-il?

LISETTE.

On l'a renvoyé, Madame.

Mme. DE FOLINCOURT.

Comment donc! renvoyer un Philoſophe, qui vient de très-loin au bruit de ma renommée! mais je ſuis très-piquée de cela! il faut qu'on le cherche, & qu'on le trouve.

LISETTE.

Madame, il a laiſſé je ne ſais quel griffonnage chez votre Suiſſe, où il a dit que le célébre M. Cocus le reconnoîtroit ſur cet écrit là!

Mme. DE FOLINCOURT.

Eh! vîte donc, Liſette, qu'on cherche cet écrit, & M. Cocus auſſi. Mais voyez donc les impertinents! un ſavant qui vient de loin pour me voir, qui connoît M. Cocus! ma porte a-t-elle été jamais fermée pour gens qui s'anoncent ainſi?

LISETTE.

Madame.

Mme. DE FOLINCOURT.

Taiſez-vous, imbécille: que diroient Paris, les Nations étrangeres, l'Univers, ſi l'on venoit à ſavoir cela? En vérité, c'eſt un ſot animal qu'un Suiſſe. *(à Liſette)*, Eh bien! que faites-vous là? Allez donc, courrez, mettez tous mes gens en campagne.

LISETTE.

Oh! j'y vole, Madame, ... *(à part)*. Notre amant ne peut ſe préſenter ſous de meilleures auſpices.

(Elle ſort en riant de côté).

SCENE IX.

MAD. DE FOLINCOURT, *seule*.

CES gens là me mettent toute hors de moi, si c'étoit quelque oisif, on me l'ameneroit en triomphe. Oh ! je suis sure que c'est quelque illustre. Que sait-on ? une Académie peut-être qui député vers la mienne... Remettons-nous, travaillons un peu.... (*Elle reprend le repertoire & lit*). Oh ! cette replique est excellente & aisée à enchasser.... Mais encore quelqu'un !... Faut-il donc qu'on m'interrompe ici sans pitié ? En bonne foi les personnes d'une certaine façon, ont bien de la peine à se mettre quelque chose dans la tête.

SCENE X.

LA MÊME, ANGÉLIQUE, HENRIETTE.

ANGÉLIQUE.

POUVONS-NOUS entrer, Madame ?

Mme. DE FOLINCOURT.

Venez, venez, mes Niéces, vous n'êtes jamais de trop auprès de moi. Vous sur-tout, Angélique, que je distingue comme une protectrice des sciences & des talens.

ANGÉLIQUE.

J'ai un si bel exemple sous les yeux, Madame, que je serois bien coupable de n'en pas profiter. Mais ce titre glorieux n'appartient qu'à vous seule.

Mme. DE FOLINCOURT.

Vous le mériterez un jour..... Et vous, Henriette, à quoi vous êtes vous occupée aujourd'hui ?

HENRIETTE.

Mes occupations, ma chere tante, sont si communes, qu'elles ne méritent pas de vous intéresser.

Mme. DE FOLINCOURT,

Votre sœur pourroit vous aider à sortir un peu de cet ordre commun des choses, & vous inspirer le goût de celles qui sont plus relevées; mais vous êtes entêtée, & faites semblant d'être modeste.

HENRIETTE.

Ne croyez-vous pas, ma chere tante, que si je me sens un peu de penchant à l'opiniâtreté & à l'orgueil, rien n'est mieux fait à moi, que de m'interdire la science. Car on dit qu'elle nourrit l'un & l'autre.

Mme. DE FOLINCOURT, (*d'un ton sévere*).

Oui, la fausse science, Mademoiselle!

HENRIETTE, (*très-modestement*).

L'autre est si rare, Madame!

ANGELIQUE.

Au moins avez-vous le bonheur, ma sœur, de la rencontrer ici, & si vous n'y prenez pas goût, c'est bien votre faute.

HENRIETTE.

Il faudroit avoir vos yeux, ma sœur, pour aussi bien discerner.

Mme. DE FOLINCOURT.

Terminons cet entretien; au défaut des talens, ma niéce, il faut savoir les accueillir dans les autres, & la bienfaisance doit suppléer au savoir.

HENRIETTE.

Madame, je ne forme pas de vœux plus ardens, que d'avoir toujours un ame sensible & bienfaisante; mais je prie le Ciel, sur-tout, de m'apprendre à placer mes bienfaits, si jamais il m'accordoit le pouvoir d'en repandre.

Mme. DE FOLINCOURT.

Il faut aider un peu à cette disposition, & comment y parvenir sans une étude qui vous mette à portée de distinguer.....

HENRIETTE.

Distinguer! oh! Madame, on n'a besoin que d'un bon cœur pour distinguer les malheureux.

Mme. DE FOLINCOURT.

Fort bien, j'approuve la maxime, mais.....

SCENE XI.
LES MÊMES, UN LAQUAIS,
LE LAQUAIS.

Madame, M. Famicourt vient d'envoyer certain ballot.

Mme. DE FOLINCOURT.
Je sais ce que c'est.

LE LAQUAIS.
Aussi de plus, le Mémoire de M. Pillardin, le Tailleur de ces Messieurs.

Mme. DE FOLINCOURT.
C'est bon, laissez-nous; j'en étois, ma niéce, sur le chapitre de la bienfaisance, & voici des occasions de l'exercer. Une ame généreuse doit sur-tout voiler le bien qu'elle fait à qui le reçoit; écoutez-moi, Angélique.

ANGELIQUE.
Je suis attentive, Madame, à la moindre parole que vous proferez. Vous ne m'en avez jamais dites qui n'aient éclairé mon esprit, & élevé mon ame.

Mme. DE FOLINCOURT.
Ecoutez-moi donc bien ; Famicourt est un jeune Auteur que nos Illustres m'ont recommandé; en dépit du passeport de la main du grand Homme que nous admirons tous, qu'il vient de faire mettre à la tête de son Ouvrage; tous les Exemplaires étoient encore chez le Libraire. Si Famicourt n'écrivoit que pour la renommée, il pourroit attendre patiemment! Conduit par cet Homme immortel lui-même, le chemin s'ouvriroit devant lui : mais cette cruelle indigence qui étouffe souvent les talens, poursuit Famicourt. Je le protége, il sera de l'Académie, sa réputation est donc assurée ; mais il s'agit de vendre son Ouvrage, cela n'est pas si facile : la cabale.... Cette cabale infernale, qui se trouve toujours dans mon chemin, a bouché les oreilles, & fermé les yeux au Public.

ANGELIQUE

ANGÉLIQUE.

Vous avez tant de moyens pour la déconcerter, Madame, nos favants Journaliftes, nos plumes illuftres....

Mme. DE FOLINCOURT.

Ces gens - là écrivent, mon enfant, mais ils n'achetent point. C'est à vous à qui je confie le débit de ces brochures, le fujet eft admirable : chacun des Amateurs que j'admets, en récevra un Exemplaire de votre main, pour un louis, que vous demanderez de ce ton léger d'une jolie perfonne qui accorde fa bienveillance au talent naiffant. Vous avez de l'efprit, Angélique, il n'eft pas néceffaire de vous faire votre leçon.

ANGÉLIQUE.

Ne vous ai-je pas vue cent fois, Madame, rendre ainfi la vogue à des chefs-d'œuvres négligés, parce que l'envie s'attache à ceux à qui vous accordez vos bontés.

Mme. DE FOLINCOURT.

Vous avez raifon, ma niéce ; mais imitez-moi jufques au bout. Laiffez-la frémir, & protégez toujours.... Vous, Henriette, prenez ce mémoire, lifez - m'en les articles.

HENRIETTE *lit.*

« Mémoire des ouvrages faits par ordre de Madame
» de Folincourt, par Jean-Jérémie Pillardin, Maître
» Tailleur, & dont reçu des perfonnes à chaque ar-
» ticle.

» 1°. Un jufte-au-corps de drap noir avec vefte de
» même, livré par ordre de Madame à M. de Ma-
» zure, logé à un fixiéme, Cloître S. Benoît, attendu
» qu'il n'étoit que de hafard, ... 100 liv.

Mme. DE FOLINCOURT.

Ce pauvre homme plus fçavant que Pic de Mirandole, étoit nud comme la main. cela faifoit pitié.

HENRIETTE *lit.*

» 2°. Fourni un habit complet de droguet de foie
» gris à M. du Luthe, rue Montmartre, pour le jour
» de fa réception à l'Académie de Madame, dont
» il m'avoit hypothéqué le payement fur la rétri-
» bution qui lui reviendroit d'un ouvrage alors

D

» fous preffe ; & attendu que depuis cinq ans l'édition
» eft reftée chez le Libraire, je le porte au compte
» de Madame, fuivant ordre, ci . . . 180 liv.

Mme. DE FOLINCOURT.

Monfieur Pillardin pourroit fe difpenfer de motiver
ces articles ; continuez Mademoifelle.

HENRIETTE, (lit)

3°. . . . . Ah ! (*elle fe met à rire*).

Mme. de FOLINCOURT.

Eh bien ! qu'avez-vous donc ? pourfuivez.

HENRIETTE.

3°. Pour . . . (*elle rit encore à éclater.*)

Mme. de FOLINCOURT.

Mais Mademoifelle, en vérité, ce rire fardoniex
annonce que vous avez l'efprit dérangé.

HENRIETTE.

Je vous demande pardon, Madame, mais . . . a
(*elle rit encore*)

Mme. DE FOLINCOURT.

Eh bien, quand cela fininira-t-il ?

HENRIETTE, (*lit en fe contraignant.*)

3°. Pour les cinquante, (*elle éclate encore*).

Mme. DE FOLINCOURT.

Eh ! bien, cinquante . . . que trouvez-vous là de
fi plaifant ? pourfuivez.

HENRIETTE, (*fe contraignant toujours*)

Cinquante paires de culottes noires de velours, pour
étrennes, à tous ces Meffieurs, (*elle rit*).

Mme. DE FOLINCOURT.

En vérité, Mademoifelle, vous me faite pitié, vous
fentez furieufement votre couvent, auffi n'etes-vous
bonne que pour y retourner : Angélique, prenez ce
mémoire . . . . (*regardant Henriette avec humeur*),
qui fait rire Mademoifelle. Ordonnez qu'on en paye
le montant. — Vous Mademoifelle, vous pafferez s'il
vous plaît la journée dans votre appartement, avec
votre bonne.

(*Henriette lui fait une profonde révérence, & fe
retire en riant fous cape ; en fortant elle rencontre*

Monsieur Cocus, qui la salue, & à qui voyant une culotte de velours noir, elle éclate au nés; celui-ci, regardant stupidement à sa culotte, y porte la main & la basque de son habit, comme pour l'essuyer, Angélique sort d'un autre côté, & paroît hausser les épaules de pitié sur Lisette).

SCENE XII.

MADAME DE FOLINCOURT. M. COCUS. LISETTE.

M. COCUS.

QU'EST-CE que cela veut donc dire.

Mme. DE FOLINCOURT.

Quelque imbécillité de la part de cette ignorante, je vous prie de l'excuser, Monsieur.

M. COCUS.

En vérité, Madame, c'est quelque chose de bien étonnant que les disparités que l'on trouve dans une famille!

Mme. DE FOLINCOURT.

Cette petite fille, est absolument le portrait de sa mere, ma belle-sœur étoit une pauvre femme, elle affectoit certain gros bon sens domestique, & ne sortoit pas de là . . . Son pere ne valoit guère mieux.

M. COCUS.

Ah! Madame, que d'illustres personnages auroient été à plaindre, si le Ciel n'eût mis d'autres dispositions dans votre ame.

LISETTE (*à part*).

Que de sçavans sans haut-de-chausse & sans dîner!

M. COCUS.

Madame, on vient de me remettte un billet laissé à votre porte par le sçavant Gossius. Ah! Madame, quel homme! que j'ai de regret de ne m'être pas trouvé là pour le recevoir! de toutes les incongruités de votre Suisse . . . . c'est . . . .

Mme. DE FOLINCOURT.

En vérité, Monsieur, ces Suisses là font défolans. La porte d'une femme comme moi devroit être gardée au moins par un bibliographe.

M. COCUS.

J'ai votre affaire en main, Madame.

Mme. DE FOLINCOURT.

Que je vous aurai d'obligation, M. Cocus, un nom fçavant ne frappe pas plus l'oreille d'un Suisse que s'il étoit fourd. Allez, M. Cocus, tâchez de réparer cette méprife, & ramenez-moi, s'il fe peut, ce grand perfonnage ; il a furieufemenr vu ; mais j'efpere qu'il nous trouvera bons à connoître.

M. COCUS.

Comment ! Madame, il m'écrit qu'il arrive exprès pour cela, & qu'il s'eft arrêté dans le pays de Gex, où il s'eft muni d'une puiffante recommandation auprès de vous.

Mme. DE FOLINCOURT.

Oh, qu'il vienne, Monfieur Cocus, qu'il vienne. Allez, ne perdez pas un inftant. Dans le pays de Gex ! Courez donc vîte (*Cocus fort*). (*à Lifette*). Et vous Lifette, fuivez-moi dans mon cabinet, & que je n'y fois pas interrompue d'ici à une heure.

ACTE II.

ACTE II.

SCÈNE PREMIERE.

HENRIETTE, LISETTE.

LISETTE.

EH bien, Mademoiselle, Madame vous condamne donc à ne pas vous montrer d'aujourd'hui? cela ne paroît pas vous affliger.

HENRIETTE.

Pas excessivement, Lisette.

LISETTE.

Oh! la petite réfractaire! comme elle est rebelle à la doctrine; on ne fera jamais, jamais rien de cela

HENRIETTE.

On n'en fera jamais, je te jure, une protectrice.

LISETTE.

De quoi vous avisez-vous aussi d'aller rire de ce mémoire; votre très-illustre tante r'habille la nudité de cinquante sçavans, qu'un aussi beau trait d'humanité met en état de descendre de leurs mansardes; & Mademoiselle rit d'une bienfaisance aussi bien placée; quand nous faisons du bien, Mademoiselle, il faut le faire avec jugement, & d'abord aller au plus pressé. (*Elles rient*).

HENRIETTE.

En vérité, Lisette, je n'ai rien vu de plus bouffon que cela.

LISETTE.

Savez-vous bien, Mademoiselle, que l'honnête Monsieur Pillardin, fait encore livraison aujourd'hui. Madame, qui a autant de précaution que de discernement, ignore la durée de son voyage, & la charité lui ins-

E

pire de pourvoir à la décence de tous ses protégés, pour dix-huit mois.

HENRIETTE.

C'est égaler la prévoyance à la générosité.

LISETTE.

Ah ! ça, laissons Madame épuiser l'une & l'autre pour tous ses illustres, & permettez-moi de songer à vous pourvoir d'un meuble très - nécessaire, & dont vos yeux me disent que vous avez besoin.

HENRIETTE.

Que voulez-vous donc dire ?

LISETTE.

Connoîtriez-vous, Mademoiselle, certain Sçavant, qui doit nous venir aujourd'hui.

HENRIETTE.

Ni Sçavant, ni bel-esprit, ma pauvre Lisette, ils me sont tous étrangers ; je ne me sens pas le moindre goût pour eux.

LISETTE.

Il est cependant certain Sçavant de ma façon....

HENRIETTE.

De ta façon ?

LISETTE.

Oui, Mademoiselle, pourquoi pas, je protège aussi, moi, & je réponds que vous n'aurez pas autant d'aversion pour celui-là, que pour celui de Madame.

HENRIETTE.

Que veut donc dire ce badinage ?

LISETTE, (parlant bas)

Que Messieurs d'Olmont sont ici.

HENRIETTE.

Que m'apprends-tu, Lisette !

LISETTE.

Peste, comme le goût de la science vous saisit tout d'un coup !

HENRIETTE.

Ils sont ici ?

LISETTE.

Oui, Mademoiselle, arrivés de Dijon, & le bon-homme consent que son fils vous épouse, si nou _s

venons à bout de décider Madame de Folincourt, à
vous faire les avantages qu'ils ont droit d'attendre.

HENRIETTE.

En ce cas-là, Lisette, il faut y renoncer, ma tante
est trop prévenue contre moi.

LISETTE.

L'aissez-moi, faire Mademoiselle, nous employerons
la ruse.

HENRIETTE.

Comment, la ruse ?

LISETTE.

Oui, la ruse. Allez-vous actuellement vous aviser
d'avoir des scrupules.

HENRIETTE.

Après la scène de tantôt, je crains bien que vous
ne preniez mal votre temps.

LISETTE.

Nous raccommoderons tout cela ; songez seulement
à être un peu plus dissimulée, & sur-tout consentez
si vous n'aimez par la science, à en faire au moins un
peu semblant. Nous vous demanderons peut-être cet
effort, Monsieur d'Olmont, pour vous obtenir, fait
bien un autre personnage.

HENRIETTE.

Oh ! à ce prix là, Lisette, j'apprendrai le grec s'il
le faut.

LISETTE.

Quelle émulation ! quelle chaleur ! c'est vraiment
un grand Précepteur, que l'amour, pour une fille !

HENRIETTE.

Mais ne le verrai-je point, Lisette ?

LISETTE.

Vous le verrez quand il en sera temps : tenez, voici
le pere qui arrive.

SCENE II.

LES MÊMES D'OLMONT, pere.

D'OLMONT, pere.

EH! bon jour mon enfant : comme te voilà grande
& jolie! le papa Lifimon feroit enchanté de te voir
comme cela, & fans fa goutte, il feroit ici.

HENRIETTE.

Je ne défire pas moins, Monfieur, le bonheur de
l'embraffer.

D'OLMONT, pere.

Il n'eft pas fcavant lui, ton pere, ... & ta chere tante,
mon enfant, t'endoctrine-t-elle bien?

HENRIETTE.

Monfieur, elle a bien fait des efforts, mais elle
a trouvé chez moi un naturel fi ingrat!..

LISETTE.

Oh, oui, bien ingrat, Monfieur, & fi Mademoifelle
ne tient un maître de votre main, elle reftera toujours
où elle en eft.

D'OLMONT, pere, (*riant*).

Eh! Eh! Eh! Eh! Oh je t'amene un docteur, il
fera quelque chofe de toi celui-là. Mais Lifette, ne
pourrai-je pas voir la Dame de Folincourt.

LISETTE.

Oh! Monfieur, elle eft bien occupée; actuellement
que je vous parle, elle cherche peut-être la longitude.

D'OLMONT, pere.

La longitude, Lifette!

LISETTE.

Oui, Monfieur, la longitude.

D'OLMONT, pere.

Oh! bien va t'en lui dire que je la cherche moi,
& que je ne fortirai pas d'ici que je ne l'aie trouvée.

L I S E T T E, *regardant sa montre.*

Oh! Monsieur, pour un empire je n'irois point l'interrompre à présent, encore dix minutes, & je vous obéis. Si j'avois le malheur d'interrompre Madame dans un calcul, j'aurois infailliblement mon congé.

D'O L M O N T, pere.

Allons, pour dix minutes passe : & Angélique où est-elle ?

L I S E T T E, *gravement.*

Elle fait actuellement l'essai d'une pompe foulante.

D'O L M O N T, pere.

D'une pompe foulante! la jolie occupation vraiment pour une fille.

L I S E T T E.

Oh! Monsieur, Mademoiselle Angélique aime la science à la folie.

D'O L M O N T, pere.

Tant qu'il lui plaira, mais une pompe foulante! ma foi ma pauvre Lisette je n'aime point à voir cet instrument-là entre les mains d'une jeune personne. La femme est née pour l'aiguille, & pour aimer son mari, & non pour essayer des pompes foulantes.

L I S E T T E.

Pauvre sexe, comme on te traite; la physique expérimentale, Monsieur, est quelque chose de si divertissant.

D'O L M O N T, pere.

La physique! oh je ne veux pas que ma brue sache la physique : adieu, je sors pour aller à deux pas d'ici, & revenir à l'instant.

H E N R I E T T E.

Je me retire aussi, Lisette, pour prévenir le retour de ma tante dans cette salle; si la longitude par malheur lui est échappée, il me faudroit essuyer son humeur.

L I S E T T E.

Allez, Mademoiselle, & préparez-vous à nous seconder.

SCENE III.

LISETTE, seule.

OH! l'indéchiffrable femme, que cette Madame de Folincourt; en vérité, si le grand air ne la remet pas en voyageant d'ici en Pologne, tous ces pédans-là lui tourneront la tête.

SCENE IV.

ANGELIQUE, LISETTE.

ANGELIQUE.

MA tante est-elle encore occupée, Lisette?

LISETTE.

Oui, Mademoiselle.

ANGELIQUE.

En ce cas, il faut respecter son travail; c'est un larcin fait aux sciences, que les moments qu'on ui dérobe, c'est un vol à la postérité.

LISETTE.

A la postérité, Mademoiselle! Madame votre tante lui en a fait bien d'autres, & pour peu que le génie ou le démon de la science continue à vous lutiner, je crains bien qu'elle ne voie pas plus de vos œuvres que des siennes.

ANGELIQUE.

Vous faites des Epigrammes, Lisette; je vous passe cette saillie, j'aime l'esprit, mais il faut du respect.

LISETTE.

Je n'aurois pas cru en manquer, en plaidant la cause de cette postérité que vous avez toujours à la bouche, Mademoiselle.

ANGELIQUE.

Eh! croyez-vous donc que je ne travaille pas pour elle?

LISETTE.

Eh! mort de ma vie, Mademoiselle, j'en serai sûre quand je vous verrai penser à prendre un bon mari, au lieu de tous ces bouquins. A *remotis*, tout cela, Mademoiselle, à *remotis*.

ANGELIQUE.

En vérité, Lisette, vous êtes bien grossiere; si ma tante vous entendoit dire ces impertinences....

LISETTE.

Oh! votre tante, Modemoiselle, dans son temps elle a fait de son mieux; quand il a été passé d'une maniere bien stérile, à la vérité, elle s'est rabattue sur les sciences; si à cinquante ans, la premiere de mes recettes ne vous a pas réussi, vous pourrez prendre la seconde.

ANGELIQUE, *à part.*

Ce qu'elle dit est de bons sens, & sans l'héritage... il faut dissimuler... (*haut*). En vérité ma tante s'occupe bien long-temps aujourd'hui.

LISETTE.

Je crois l'entendre, Mademoiselle,

ANGELIQUE.

Effectivement, la voici.

SCENE V.

LES MÊMES, MADAME DE FOLINCOURT.

Mme. DE FOLINCOURT.

ANGELIQUE, je vous trouve fort à propos; applaudissez-moi, mon enfant, j'ai fait une grande découverte.

ANGELIQUE.

Une découverte! oh, ma chere tante, je brûle d'impatience de la connoître.

Mme. DE FOLINCOURT

Oh! pour le coup, je la tiens.... que je vais bien étonner tous ces Messieurs.

SCENE VI.

LES MÊMES, UN LAQUAIS;

D'OLMONT, pere.

LE LAQUAIS.

IL y a là un gros Monsieur, Madame, qui demande avec empressement à vous parler.

Mme, DE FOLINCOURT.

C'est assurément mon Sçavant, qu'on fasse entrer, qu'on fasse entrer.

D'OLMONT, pere, (*entre & salue.*)

Mms. DE FOLINCOURT, *bas à Angélique.*

Il a bien de l'enbonpoint, & les épaules très-rondes pour un illustre.

ANGELIQUE.

Madame, c'est. . . .

Mme. DE FOLINCOURT, *sans l'écouter.*

Monsieur, en vérité, je suis enchantée de vous voir, j'ai désirée ardemment d'avoir cette satisfaction ; d'ailleurs, le sujet qui vous amène est trop flatteur pour moi, pour que vous ne receviez point l'accueil le plus distingué.

D'OLMONT, pere.

Je suis moi - même trop honoré, Madame, de la maniere dont vous voulez bien me recevoir, & je n'osois espérer que la chose que j'ai à vous proposer...

Mme. DE FOLINCOURT.

A me proposer, Monsieur, tout ce qui vient d'un personnage tel que vous, est fait pour être entendu avec le plaisir & la reconnoissance la plus vive : allons, des siéges, Lisette.

D'OLMONT, pere, *à part.*

Mais, en vérité, cette femme m'étonne : ce n'est pas là ce qu'on m'avoit annoncé. (*Il s'asseoit*)

Mme

Mme. DE FOLINCOURT.

Quelque connu que vous foyez dans le monde, votre préfence, Monfieur, femble ajouter encore à à mon admiration.

D'OLMONT, pere, *à part.*

Admiration à moi ! (*haut*) Vos bontés, Madame, furpaffent tout ce que je m'en étois promis.

Mme. DE FOLINCOURT.

Un homme comme vous, Monfieur, doit s'attendre à un accueil auffi diftingué que lui-même, & quand vos fçavans ouvrages...

D'OLMONT, pere, *à part.*

Mes fçavans ouvrages !

Mme. DE FOLINCOURT.

Oui, Monfieur, quand vous ne feriez pas au premier rang des fçavans, & des génies du fiécle....

D'OLMONT, pere, *à part.*

Mais elle eft folle.

Mme. DE FOLINCOURT.

La recommandation que vous m'apportéz m'eft fi précieufe, que vous avez toutes fortes de titres auprès de moi.

D'OLMONT, pere, *à part.*

A la bonne heure, mais pour mes fçavans ouvrages. (*haut*) Madame, j'ai effectivement à vous remettre une recommandation qui doit vous être chere.

Mme. DE FOLINCOURT.

Donnez donc, Monfieur, donnez : mes yeux brûlent de lire ces auguftes caracteres.

D'OLMONT, pere, *à part.*

Auguftes caracteres ! (*haut*), Voici, Madame, la lettre dont ma chargé....

Mme. DE FOLINCOURT, (*avec précipitation*)

Oui, Monfieur, le patriarche & le Neftor des fciences & des lettres, l'objet exclufif de tous nos hommages; que vous êtes heureux ! vous l'avez vu, vous lui avez parlé.

> (*Elle ouvre la lettre avec précipitation. Lifette, pendant cette fcène, doit avoir ri, & Angélique fait de vains efforts pour interrompre Madame de Folincourt.*)

F

ANGELIQUE.

Ma tante fait un quiproquo, & ne veut pas m'entendre.

D'OLMONT, pere, (*à part*)

Cette femme, à coup sûr, est dans quelque accès.

Mme. DE FOLINCOURT, *lisant la date de la lettre.*

A Dijon, ce.... comment, Monsieur, il est à Dijon? Ah ! venez donc, que je vous embrasse, illustre précurseur du plus grand des mortels. — Lisette, contr'ordre à tous mes gens, s'il vous plaît, je ne pars pas pour la Pologne, ou j'enmene l'homme divin avec moi. (*elle lit*) « J'emprunte une main étrangère, pour » vous annoncer, ma chere sœur... ma chere sœur !... » qu'elle chûte, mon Dieu, c'est mon benêt de frere. (*elle lit tout bas, & d'un air glacée, elle poursuit ensuite avec dédain*). Vous vous appellez Monsieur d'Olmont, Monsieur.

D'OLMONT, pere.

Oui, Madame, fort à votre service.

Mme. DE FOLINCOURT, *du même ton.*

Je vous en rends graces.

D'OLMONT, pere, (*à part*).

Diable, elle a bien changée de ton.

Mme. DE FOLINCOURT

Mon frere me mande que vous êtes son ancien ami, & qu'il veut s'allier avec vous, en donnant une de mes nieces à M. votre fils ; mais vraiment c'est fort bien fait, Monsieur.

D'OLMONT, pere.

Je tiens à grand honneur, Madame, que vous vouliez bien donner votre consentement à cette affaire.

Mme. DE FOLINCOURT.

Il me paroît qu'on n'a pas cru en avoir grand besoin, puisqu'on ne me consulte que quand elle est conclue.

D'OLMONT, pere.

Madame, mon état, ma famille, & ma fortune vous ont connus.

Mme. DE FOLINCOURT.

Eh ! qu'importe tout cela, Monsieur ?

D'OLMONT, pere.

Monsieur Lisimon a conjecturé que vous pensiez...

Mme. DE FOLINCOURT, (*avec beaucoup de dédain*).

Oh! mes pensées, Monsieur, sont choses fort obscures pour mon pauvre frere, & cela n'est pas étonnant.

D'OLMONT, pere.

Sans la goutte qui le tourmente, il seroit venu luimême vous présenter mon fils; le pauvre homme, en vous faisant écrire, a eu bien de la peine à signer.

Mme DE FOLINCOURT.

J'en suis véritablement affligée, Monsieur.

D'OLMONT, pere.

Que puis-je espérer, Madame?

Mme DE FOLINCOURT.

Comment! espérer; mon frere n'est-il pas le maître de ses enfans? je désirerois seulement qu'il daignât me laisser Angélique, que je me propose de pourvoir selon mes vues.

D'OLMONT, pere.

Il a peut-être quelque droit d'attendre de votre justice, que vous traiterez également ses deux filles; l'une vous touche d'aussi près que l'autre; je suis bien éloigné d'aspirer à mettre obstacle aux projets que vous pourriez avoir pour l'aînée; c'est la cadette qu'on vous demande.

ANGELIQUE, (*à part*).

La cadette. . . . d'Olmont. . . que je suis piquée...

Mme. DE FOLINCOURT.

Mais vraiment cela est très-raisonnable, Monsieur, il est le maître & vous aussi; cela m'arrangera d'autant mieux que mon frere, ayant peu de fortune, la pauvre Henriette n'avoit de ressource qu'au couvent, où mes bontés, ... si j'avois disposé moimême de sa personne; on me laisse l'autre, il est juste que tout mon bien soit le prix de ce sacrifice.

ANGELIQUE, (*à part*).

Me voilà vengée.

D'OLMONT, pere.

C'est votre derniere résolution, Madame?

Mme: DE FOLINCOURT, (*très-froidement*).
Oui, Monsieur.

D'OLMONT, pere.

Elle reglera la mienne ; je suis trop attaché aux intérêts de la file de mon ami, pour permettre que mon fils, par sa poursuite, nuise au sort brillant qu'elle peut attendre de vos bontés, & je me retire, Madame.

Mme. DE FOLINCOURT, (*lui fait une profonde révérence*).

SCENE VII.

LES MÊMES, EXCEPTÉ D'OLMONT.

Mme. DE FOLINCOURT.

EN vérité, mon bon-homme de frere radotte; vouloir m'empêtrer de ces plats Provinciaux : moi qui destine mes nieces à des hommes célebres.

LISETTE.

Vous avez raison, Madame : des filles charmantes, élevées par une tante comme vous, sont faites pour la couche d'un grand'homme.

Mme. DE FOLINCOURT,

Pour vous, Angélique, je connois vos dispositions? je ne vous ai encore jamais parlé de vous établir, mais je suis bien sûre que quand je formerai ce projet, vous vous en rapporterez à moi : ce sera le prix de vos progrès, ma niece; l'époux que je vous destine sera digne de vous.

ANGELIQUE.

Madame, vous me comblez de bontés.

Mme. DE FOLINCOURT.

Pour Henriette, votre sœur, elle est faite pour l'obscurité d'un cloître; cet esprit bouché & matériel nous déshonoreroit dans le monde.

ANGÉLIQUE.

ANGÉLIQUE.

J'en gémis, Madame, mais je ne sçais pas opposer mes regrets frivoles aux arrêts que la raison nous dicte.

Mme. DE FOLINCOURT.

C'est bien fait à vous, ma niece.

ANGÉLIQUE.

Vos vues, Madame, font des loix pour moi : cependant, si j'osois vous dire ma pensée, il y a bien des choses à remarquer sur le compte du jeune d'Olmont.

Mme. DE FOLINCOURT.

Comment donc ?

LISETTE (à part).

Ecoutons ce que va dire cette bonne piece, car tous les jours son joli petit caractere se développe par quelques traits.

ANGÉLIQUE.

Il est vrai, ma chere tante, que le nom de d'Olmont n'en impose pas. Jusques à présent, il est assez obscur, & peut-être même inconnu dans la république des lettres; mais celui qui le porte, n'est pas fait pour cette obscurité.

Mme. DE FOLINCOURT

Vous l'avez donc connu ?

ANGÉLIQUE.

Beaucoup, ma tante; jamais mortel ne posséda une imagination plus féconde & plus riante, une pénétration plus facile, une mémoire plus heureuse, & sur-tout un jugement plus sain.

Mme. DE FOLINCOURT.

Eh! bon dieu! que m'apprenez-vous là?

LISETTE, (à part).

Où tend ce discours, pour la premiere fois de la vie elle fait un éloge.

Mme. DE FOLINCOURT.

Mais c'est un meurtre, que d'enterrer tout cela.

ANGÉLIQUE.

Jugez, Madame, combien peu Henriette convient à d'Olmont : son ame languissante & sans ressort, ne

G

penseroit jamais à le faire sortir de l'inertie où ses talens restent ensevelis ; ils seroient perdus plus que jamais, il lui faudroit . . . .

Mme. DE FOLINCOURT.

Mais vraiment, ce jeune homme m'intéresse ; vous avez raison, Angélique ; ce seroit un crime de le laisser en proie à l'apathie où l'on vegête dans les Provinces, & j'aurois des reproches à me faire, si javois donné à cette petite fille mon consentement pour l'enchaîner dans des liens aussi grossiers qu'elle.

ANGELIQUE, (*d'un ton hypocrite*)

Il est bien douloureux pour moi, Madame, d'entendre un esprit aussi appréciateur que le vôtre, rendre une aussi mortifiante justice à quelqu'un qui m'appartient, hélas ! de trop près.

LISETTE, (*à part*).

Voyez donc la bonne âme.

Mme. DE FOLINCOURT.

Il faut s'en consoler, ma chere Angélique ; le même malheur m'arriva jadis, & votre pere & moi, nous ne nous ressemblions non plus que le noir & le blanc.

ANGELIQUE.

Mais pour en revenir à d'Olmont, Madame, comme je connoissois tout le prix du jeune homme, j'ai été véritablement mortifiée du congé décisif que vous avez donné à M. son pere ; on auroit pu du moins l'adoucir.

Mme. DE FOLINCOURT.

Mais il me vient une idée, Angélique ; auriez-vous quelque inclination ? . . .

ANGELIQUE, (*affectant beaucoup de froideur*)

Moi, Madame, je n'en eus jamais d'autre que celle de vous plaire.

Madame de FOLINCOURT.

C'est que je pense que si le jeune d'Olmont est tel que vous le dites, vous seriez bien son fait.

ANGELIQUE, (*affectant de la surprise*).

Moi, Madame !

Mme. DE FOLINCOURT.

Oui, vous ; comment, ma niece, vous exciteriez ce

naturel indolent, & brifant la chaîne de l'habitude, vous développeriez un génie qui feroit honneur, & à la famille & à moi.

ANGELIQUE.

Madame, j'admire votre intelligence & votre fageffe; mais ma fœur....

LISETTE, (à part)

Ah! voici l'encloueure.

Mme. DE FOLINCOURT.

Votre fœur! mais vraiment nous la mettrons aufli à portée de devenir quelque chofe; j'avois une idée pour vous, Angélique, le Marquis qui a tant d'ef-prit, cet ami & cet admirateur de M. Rectiligne.

ANGELIQUE.

Eh bien! Madame?

Mme. DE FOLINCOURT.

Il eft homme de bonne Maifon, fon nom eft ancien.

LISETTE, (à part).

Pas tant que fon jufte-au-corps.

Mme. DE FOLINCOURT.

Il eft jeune encore, & commence glorieufement fa car-riere.

ANGELIQUE.

Oh! très-glorieufement, Madame!

Mme. DE FOLINCOURT.

J'avois eu quelques penfées d'en faire votre époux.

ANGELIQUE, (à part).

Oh, Ciel! qu'entends-je! cet hideux mortel! (haut) Vous avez changez de fentiment, Madame?

Mme. DE FOLINCOURT.

Si par-là je contredifois vos inclinations.

ANGELIQUE.

Oh! point, Madame.

Mme. DE FOLINCOURT.

Tout ce que nous venons de dire, me détermine à donner le Marquis à votre fœur, & vous épouferiez d'Olmont.

ANGELIQUE.

Je n'aurai jamais d'autres volontés que les vôtres, Madame.

LISETTE, (*à part*).
En voici bien d'une autre, vraiment.

Mme. DE FOLINCOURT.
Je vais faire savoir mes intentions à l'ami de mon frere.
(*Elle sort*).

LISETTE, (*à part*.)
Le bon homme acceptera, & nos jeunes amans seront perdus ; tâchons de détourner le coup qui les menace.

SCENE VII.
ANGÉLIQUE, LISETTE.

ANGELIQUE.

EH bien ! Lisette, as-tu entendu ce que disoit ma tante ?

LISETTE.
Oui, Mademoiselle, j'admire sa pénétration ; je vois même comme elle saisit vos desirs, & je vous en fais compliment.

ANGELIQUE.
Mes desirs ! Je te jure que je n'en ai jamais de cette espece, & s'il arrive que j'épouse le jeune d'Olmont, ce sera par pure obéissance.

LISETTE.
Mais, voyez donc le grand effort !

ANGELIQUE.
Il me coûtera moins, parce que je vois que ma sœur y trouvera son compte.

LISETTE.
Les beaux sentimens, Mademoiselle ! (*à part*) Je te jure bien, vas, que nous tâcherons de le lui faire sans toi son compte.

ANGELIQUE, (*ironiquement*).
Vous paroissez, Lisette, avoir du credit sur son esprit, elle ne sauroit apprendre cette nouvelle plus agréablement que de votre bouche ; je la vois venir, & je vous laisse le champ libre.
(*Elle sort*).

LISETTE.

Allez, cancre, allez, véritable ſerpent femelle ; vous ne le tenez pas encore, ce M. d'Olmont. Je vous ferai bien voir qu'en fait de ruſes d'amour, une ſavante n'eſt qu'une bête.

SCENE VIII.
LISETTE, HENRIETTE.

HENRIETTE.

EH bien! qu'as-tu donc, ma pauvre Liſette? tu parois toute émue.

LISETTE.

J'enrage, Mademoiſelle ; je ſens que je plains Madame votre tante : la bonne dame a des travers qui me font pitié, mais pour de la malice, hélas! bon Dieu, elle ne s'en doute pas, la pauvre femme ; pour Mademoiſelle votre ſœur, c'eſt tout autre choſe.

HENRIETTE.
Comment, ma ſœur tout autre choſe?

LISETTE.
Oui, Mademoiſelle, avec ſes airs doucereux & ſa docilité contrefaite, elle s'eſt ſi bien emparée de l'eſprit de Madame, qu'elle lui feroit voir des étoiles en plein midi.

HENRIETTE.
Eh bien! c'eſt un privilége, & une félicité que je ſuis bien loin de lui envier.

LISETTE.
Eh! mort de ma vie, elle vous enlevera elle, la ſucceſſion e Ma ﬞ me le Folincourt.

HENRIETTE.
A la bonne heure, Liſette, je n'y ai jamais penſé, que parce qu'elle faciliteroit mon union avec d'Olmont.

LISETTE.
Votre union avec d'Olmont? Oh! vraiment, vous comptez ſans votre hôte.

HENRIETTE.
Sans mon hôte? Et qu'eſt-il donc arrivé?

LISETTE.
Il eſt arrivé, Mademoiſelle, que M. d'Olmont pere eſt venu ici.

HENRIETTE.
Aprés?

LISETTE.
Madame, qui étoit encore toute échauffée de ce qu'on avoit renvoyé un ſavant qui venoit de fort loin, & qui s'étoit préſenté pour la voir; dans ſon enthouſiaſme l'a d'abord pris pour ce ſavant-là.

HENRIETTE.
Enſuite, Liſette?

LISETTE, *(en riant)*.
Eh bien! elle lui a d'abord fait de grands complimens..... Et puis, elle l'a embraſſé d'auſſi bon cœur qu'un Poëte crotté endoſſe un habit neuf.

HENRIETTE.
Mais ce début s'annonce très-bien.

LISSETTE.
Attendez donc, Mademoiſelle? Voilà-t-il pas qu'il a tiré la lettre de Monſieur votre pere: Madame, qui n'écoutoit, ni ne voyoit rien, a rompu le cachet avec la chaleur qu'elle reſſent d'ordinaire quand il lui arrive quelques paquets par le Courier de Genève, & puis elle a vu......

HENRIETTE.
Eh bien! Liſette, qu'a-t-elle vu?

LISETTE.
Elle a vu que c'étoit de Monſieur votre pere.

HENRIETTE.
Alors?

LISETTE.
Alors ſa fiévre s'eſt évaporée, & de brûlante qu'elle étoit, elle s'eſt convertie en un friſſon.

HENRIETTE, *(conſternée)*.
Ah! je devine le reſte, ma pauvre Liſette,

LISETTE.
Le plus grand mal n'eſt pas qu'elle ait refuſé M. d'Olmont, car cela eſt un peu dans nos projets.

43

HENRIETTE.
Eh! quel eſt-il donc ce grand mal?
LISETTE.
C'eſt que M. d'Olmont a pris congé : après qu'il a été
ſorti, votre maudite ſœur a tellement tourné l'eſprit de
votre tante, qu'elle eſt revenue de ſa premiere réſolution.
HENRIETTE.
Que trouve-tu donc là de ſi fâcheux?
LISETTE.
Grande conſolation vraiment!
HENRIETTE.
Mais, ſans doute.
LISETTE.
Il eſt bien vrai qu'elle permet la recherche de M.
d'Olmont, qu'elle avoit d'abord rejettée.
HENRIETTE.
Ah! Liſette, que je ſuis heureuſe!
LISETTE.
Pas tant, Mademoiſelle.
HENRIETTE.
Comment, pas tant? Elle réduit peut-être le bien
qu'elle pourroit me faire pour avantager ma ſœur.
LISETTE.
Elle fait bien mieux pour votre ſœur.
HENRIETTE.
Oh bien! je m'en conſolerai.
LISETTE.
C'eſt que ce n'eſt pas vous.....
HENRIETTE.
Quoi! ce n'eſt pas moi?
LISETTE.
Non, c'eſt Mademoiſelle Angélique qui épouſe M.
d'Olmont.
HENRIETTE.
Juſte ciel!
LISETTE.
Ce n'eſt pas tout, Mademoiſelle, encore.
HENRIETTE.
Eh! quel malheur peut-il te reſter à m'apprendre!

LISETTE.

On vous donne à sa place ce triste Marquis, au teint hâve & blême, cet être famélique, qui, à force de faire les éloges de tous nos pédants, s'eſt rendu un perſonnage parmi eux; ce cancre, ce vilain, ce mal-propre, que Madame votre tante deſtinoit *in petto*, à la ſublime Angélique, & qui étoit bien faite pour elle.

HENRIETTE.

Ah! Liſette! crois-tu que d'Olmont conſente jamais à cet échange funeſte?

LISETTE.

Pour le fils j'en répondrois bien, mais le pere.....

HENRIETTE.

Il me paroît ſi bon homme!

LISETTE.

Bon homme! oui, mais il tient furieuſement aux eſpeces.

HENRIETTE.

Eſt-il inſtruit, Liſette, de l'étrange réſolution de ma tante?

LISETTE.

Non, mais elle eſt allée lui écrire deux mots pour le mander ici.

HENRIETTE.

Ah! ſi tu pouvois prévenir.....

LISETTE.

Je crains bien, Mademoiſelle, que la choſe ne ſoit trop difficile, d'autant plus que je crois m'appercevoir que ce vilain Marquis vous lorgne de préférence.

HENRIETTE.

Il me lorgne?

LISETTE.

Eh! oui, il pouſſera à la roue, & toute la clique le ſecondera.

HENRIETTE.

Dieu, quelle horreur! j'aimerois mieux le couvent, la mort même. (*elle pleure*).

LISSETTE.

Allons, Mademoiſelle.... prenez courage. La pauvre enfant me fait pitié.

HENRIETTE.

HENRIETTE.

Lisette, que je suis à plaindre!

LISETTE.

Faites tête à l'orage, je vais employer tout mon art
pour conjurer la tempête. Rentrez, Mademoiselle, rentrez; fiez-vous à moi, & comptez sur l'amour de M. d'Olmont. Je doute fort qu'il puisse se résoudre à épouser
cette savantasse, cette pigrièche, cet esprit à l'envers,
cette......

HENRIETTE.

C'est ma sœur, Lisette; malgré tout le mal qu'elle me
fait, je ne dois point souffrir qu'on l'outrage.

LISETTE.

Oh bien! elle n'est pas si charitable elle. Mais encore
une fois, rentrez Mademoiselle, je veux perdre le nom
de Lisette, si je ne dérange tout ce petit complot-là.

HENRIETTE.

Je vais faire tous mes efforts pour me calmer, mais
hâte-toi sur-tout d'instruire le jeune d'Olmont.

LISETTE.

Oui, oui, le jeune saura tout, & le vieux ne saura
rien qu'il n'en soit tems.

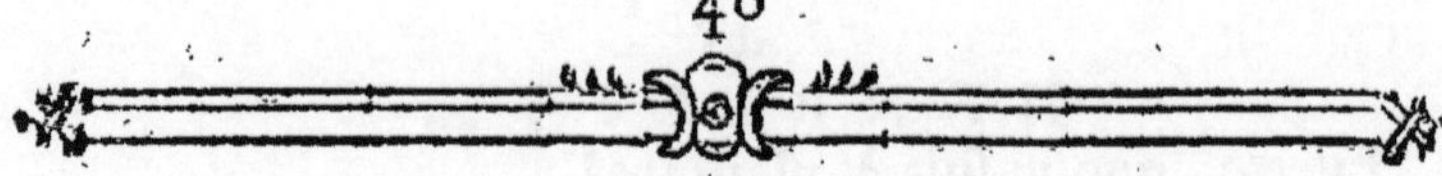

ACTE III.

SCENE PREMIERE.

RECTILIGNE, LE MARQUIS.

RECTILIGNE.

MON pauvre ami, vous me faites pitié ; les traits de l'amour ne doivent point porter à travers la noble pouſſiere du ſçavoir.

LE MARQUIS.

Henriette eſt charmante, d'honneur, & la philoſophie ne tient point à cela.

RECTILIGNE.

C'eſt fort bien dit ; mais à courir deux lievres à la fois, ſouvent on n'attrape ni l'un ni l'autre : vous pourſuivez la Renommée, c'eſt une maîtrꭼſſe jalouſe, qui n'admet ni rivale ni partage.

LE MARQUIS.

Je pourrois renverſer ce raiſonnement, & vous prouver que la Renommée admet une compagne, à qui ſouvent on doit toutes ſes faveurs, & cette compagne ſe trouveroit juſtement du cortége de Henriette.

RECTILIGNE.

Et quelle eſt donc, s'il vous plaît, cette compagne ?

LE MARQUIS.

La Fortune, mon ami.

RECTILIGNE.

Je vous entends.

LE MARQUIS.

Vous êtes trop bon calculateur pour ne pas ſentir cela.

RECTILIGNE.

Oui, vraiment, il en eſt bien quelque choſe.

LE MARQUIS.

Examinons les Corps fçavans ; les talens y produifent bien un petit éclat de réputation ; mais elle s'accumule fur ceux qui les nourriffent & les foutiennent : les réputations qu'on achette coûtent moins de peines, & s'étendent plus loin que celles qu'on mérite. Mettons-nous en état d'acheter, mon ami, & nous abrégcrons bien le travail.

RECTILIGNE.

C'eft fort bien dit : ce n'eft donc pas l'amour?...

LE MARQUIS.

Fi donc, quelle enfance ! Voudriez-vous déshonorer un Sage ?

RECTILIGNE.

Non pas, & fur-tout un Sage dont la prudence eft le premier attribut.

LE MARQUIS.

Ah ça, je connois votre afcendaut fur la maman Folincourt ; pour peu que vous vouliez vous y prendre par A & par B, vous lui démontrerez qu'il faut qu'elle me donne fa niece.

RECTILIGNE.

Mais pourquoi donner la préférence à Henriette ? N'auriez-vous pas meilleure compofition d'Angélique, elle eft prefque auffi folle que fa tante.

LE MARQUIS.

Vous êtes dans l'erreur, mon cher ami, Angélique eft une matoife qui fe couvre de travers affectés, & fe revêt des ridicules prétentions de la bonne dame pour arriver à fes écus : nous fommes rivaux, nous ne pouvons pas être amis.

RECTILIGNE.

Parbleu, Marquis, vous avez le tact bien fin.

LE MARQUIS.

Fin ! fin comme mon ftyle.

RECTILIGNE.

Et celui-ci l'eft fi fort, que quelquefois il nous échappe.

LE MARQUIS.

Allons faire notre cour, nous reprendrons ce chapitre intéreffant.   (*Ils fortent*).

SCENE II.

D'OLMONT (*habillé à la Polonoise*). LISETTE.

LISETTE.

EN vérité, Monsieur, cet équipage-là vous fera bien venir ici. C'est le costume du jour ; Madame est occupée à l'endosser.

D'OLMONT, fils.

Puisse l'amour, ma chere Lisette, conduire la barque à bon port ; mais cette Angélique est une fille bien dangereuse.

LISETTE.

Oh ! Monsieur, c'est bien le plus mauvais esprit.... Si l'on tenoit académie de malice & de méchanceté, comme de beaux esprits, elle pourroit y présider en toute justice. Mais Monsieur votre pere ?

D'OLMONT, fils.

Ne t'inquiette pas : sur l'avertissement que tu m'as donné, je me suis emparé de la lettre de la Dame, &, je te le garantis, écarté pour jusqu'au soir. D'ailleurs, Monsieur Cocus est enchanté de ma personne ; il est venu me déterrer à l'adresse simulée. Je sçais justement un peu plus de grec que lui.

LISETTE.

Très-bien, Monsieur.

D'OLMONT, fils.

Je me reproche cependant un artifice où il est question de tromper mon pere.

LISETTE.

Comment, le tromper ! Son intention n'est-elle pas que vous épousiez une des filles de Monsieur Lisimon ?

D'OLMONT, fils.

Oui.

LISETTE.

Dotée par Madame sa tante ?

D'OLMONT.

49

D'OLMONT, fils.

Fort bien.

LISETTE.

Eh bien, n'allons-nous pas tout droit à son but ?

D'OLMONT, fils.

Mais il seroit peut-être de mon devoir de l'instruire ?...

LISETTE.

L'instruire, Monsieur !... Non, non, il viendroit tout gâter ; soulagez-vous un peu de vos scrupules : ce seroit bien là, au contraire, un moyen de lui désobéir.

D'OLMONT, fils.

Comment, lui désobéir !

LISETTE.

Oui, Monsieur ; il viendroit nous faire là quelque quiproquo. Comme le bon homme ne regarde qu'à la dot, il croiroit prendre le chemin le plus court, en vous forçant de prendre celle que vous n'aimez pas ; & alors vous feriez le mauvais garçon, vous.

D'OLMONT, fils.

Tu as raison, Lisette ; mais si nous manquons notre coup ?

LISETTE.

Bon, manquer : je vous donne pour garant de la réussite de notre entreprise, la vanité crédule de la tante, & le tendre attachement de la niece ; avec ces ressorts-là, Monsieur, on n'a jamais manqué de brider les femmes.

D'OLMONT, fils.

Je les accepte, Lisette, & me livre tout à toi.

LISETTE.

C'est de bien bon cœur que je vous sers : vous verrez tous nos pédants, & vous vérifierez par vous-même, Monsieur, que bien des êtres, qu'on prône pour de grands hommes, ne sont souvent que des oisons. De l'impudence & du verbiage, c'est par où ils brillent : battez-vous un peu les flancs, faites plus de bruit qu'eux, & je vous réponds que vous les mettrez au sac. Je vais entrer chez Madame pour voir si vous aurez bientôt audience. (*Elle sort.*)

I

SCENE III.

D'OLMONT, fils, *seul.*

JE vais donc faire mon entrée dans le monde sçavant,
& , métamorphosé par l'amour, en Docteur & Philosophe , je vais jouer le plus glorieux , & , en vérité , le
plus fou de tous les personnages. C'est ici....... Mais
Lisette revient.

SCENE IV.

LE MÊME, LISETTE.

LISETTE.

MONSIEUR, Monsieur, préparez-vous à l'assaut ;
Madame arrive escortée de son corps de bataille.

D'OLMONT, fils.

Comment donc , Lisette ?

LISETTE.

Oui, Monsieur, les deux Savans les plus maigres &
les plus secs de toute son illustre assemblée ; l'un est li-
vide comme l'envie , & l'autre rampant comme l'adula-
tion. Votre ami, Monsieur Cocus , en est aussi.

SCENE V.

LES MÊMES MAD^e. DE FOLINCOURT, M. COCUS, RECTILIGNE, LE MARQUIS.

M. COCUS.

Salut à notre illustre.

Mme. DE FOLINCOURT.

Qu'il me tardoit de vous voir, Monfieur, & de vous témoigner le regret que j'ai eu de ne vous avoir pas reçu ce matin.

D'OLMONT, fils, (*affectant beaucoup de gravité & de dignité*).

A tous les bouts de l'univers on conçoit le defir de venir admirer la noble protectrice & l'amie des vrais talens. Ce n'eft que chez elle feule qu'on les trouve raffemblés, & cela vaut bien, ô très-illuftre Dame, la peine de faire le voyage.

M. COCUS.

Quel tour heureux d'expreffion, Madame, & quelle nobleffe dans ce début.

(D'Olmont, fils, fait une révérence à M. Cocus.)

Mme. DE FOLINCOURT.

Mais il a l'œil du génie, au moins.... Voyez-moi ce regard !

D'OLMONT, fils, *affectant un certain coup-d'œil forcé.*

O ! très-illuftre patrone de toutes les Sciences & de tous les Arts, fi l'homme que j'ai vu étoit ici, ce coup-d'œil, qui vous paroît quelque chofe, ne feroit plus que le regard timide de la craintive colombe ; cet immortel vous paroîtroit l'aigle qui, planant au haut des Cieux, fixe l'aftre même du jour.

Mme. DE FOLINCOURT, *à part.*

Comment ! mais cet homme-ci parle un langage bien fublime. Echauffons-nous, & tâchons de nous mettre à l'uniſſon. (*Haut.*) Illuſtre Etranger, ce coup-d'œil de l'aigle a meſuré chez vous l'étendue du génie; & , en vous adreſſant à moi, l'homme divin m'honore autant qu'il vous rend juſtice.

D'OLMONT, fils.

Je le ſçais, Madame : je tiens de ſa bouche que je dois trouver ici le profond Cocus, homme rare & préci ux, qui a enrichi ſon ſiecle des tréſors d'une antiquité mal connue avant lui, & porté un coup-d'œil obſervateur ſur toutes les Sciences, pour en faire un foyer, d'où un eſprit de ſyſtême, vaſte autant que juſte, tire ſes conceptions ſublimes.

M. COCUS, (*lui faiſant une profonde révérence, & ſe met-*
tant en devoir de lui répondre d'un ton d'orateur).

C'eſt vous, Monſieur, qui me prodiguez des louanges auſſi flatteuſes; vous qui, d'un pôle à l'autre, dans un âge ſi peu avancé, avez étudié & réfléchi ſur les hommes de tous les lieux, & ſur toutes les choſes; vous qui avez percé bien plus avant que moi dans cette antiquité admirable; je reçois cet éloge d'une bouche éloquente, & j'ai la douce ſatisfaction d'être perſuadé qu'il vous a été inſpiré en partie par le plus grand Ecrivain de ce ſiecle, qui doit être encore le déſeſpoir de ceux qui ſuivront, comme il a effacé tous ceux qui l'ont précédé.

(*M. Cocus fait une grande révérence, que d'Olmont fils*
lui rend avec une gravité ſtupide; & puis, faiſant un quart
de converſion vers Rectiligne, il lui adreſſe la parole).

D'OLMONT, fils.

Souffrez, Monſieur, qu'à la vue de ces rides précoces, nobles veſtiges d'un travail infatigable & aſſidu, à ces yeux rouges & enflammés, autant par l'amour & la ſoif de la vérité, que vous pourſuivez ſans ceſſe, que par cette frugalité à l'heure & à la minute, qui figurera un jour ſi dignement dans votre éloge, où votre ſobriété caractériſtique & ſcrupuleuſe, ne ſera pas moins admirée que vos ouvrages; ſouffrez qu'à ces ſignes je vous ſalue, Géometre célebre, Littérateur inépuiſable, Ecrivain tranquille & ſenſé, & ſur-tout Orateur ſi calme, en un mot, illuſtre M. Rectiligne, dont le nom éclate dans

5 3

les Académies, & a été si adroitement mêlé par un illustre Marquis, à ceux de tant d'illustres morts.

(*Rectiligne fait une profonde révérence*).

Mme. DE FOLINCOURT.

En vérité cet homme est étonnant. Qu'on me dise après cela que j'ai tort de prononcer sur le caractere d'un homme, en le voyant par le dos; il devine le nom & les qualités, aux rides & aux regards. Ce que c'est pourtant que le génie & le tact.

D'OLMONT, fils, (*continuant par une profonde révérence au Marquis*).

O vous, qui, dès le premier pas dans la carriere, avez osé suivre, dans leur vol hardi, tant de génies, aux travaux de qui vous avez le bonheur d'être associé : plus flatteur que Pline, plus adroit que Fontenelle, plus spirituel que Marivaux, recevez, après eux, un hommage égal à celui que j'offre à vos anciens. Que n'ai-je ce style sémillant, vif, coupé, qu'il n'est pas donné à tout le monde d'entendre, & qui vous sert à confondre votre illustre confrere, votre patron, votre appui, avec chaque homme célebre dont votre plume trace le panégyrique, je vous dirois combien le grand homme (*très-vîte*) tragique, lyrique, épique, comique, logicien, physicien, historien, satyrique, critique, philosophique, didactique, politique, (*très-fort, & comme un homme qui étouffe*) unique, (*il reprend fort haleine*) admire vos talens, & encore plus cette reconnoissance que vous témoignez, presque à chaque ligne, à votre très-illustre confrere.

(*Il se tourne vers Rectiligne en lui faisant une révérence, Rectiligne & le Marquis la lui rendent.*)

Mme. DE FOLINCOURT.

Eh bien, Messieurs, qu'en pensez-vous?

M. COCUS.

Admirable !

RECTILIGNE, (*qui a écouté assis, appuyé sur ses poings & mordant ses ongles*).

Fort bien, fort bien !

LE MARQUIS.

Elégant & concis.

RECTILIGNE, (*bas au Marquis*).

Marquis, répondez-lui pour nous deux. Il est certaines choses que je ne peux pas dire moi-même, & qu'il ne faut pas passer.

LE MARQUIS, (*à M. d'Olmont*).

La modestie, Monsieur, suit les grands talens. Mon illustre confrere M. Rectiligne, en donne un exemple frappant. Cette vertu surpasse chez lui l'étendue du génie; jamais il ne s'est entendu louer, sans qu'elle lui ait fermé la bouche. Absorbé depuis sa jeunesse dans cette espece de méditation profonde qu'exigent les sciences exactes, il semble que ce soit elles qui lui ayent fait contracter l'habitude de l'oubli de soi-même. Vous me pardonnerez donc, Monsieur, d'être ici son interprete, & d'oser me joindre à ce grand homme, pour vous témoigner l'admiration que nous sentons pour vous.

(*Ici tous les Acteurs se font des révérences.*)

Mme. DE FOLINCOURT.

Mais, en vérité, c'est admirable ! voilà comme devroient être des gens de lettres, des scavans. Ah bon Dieu ! sans quelques maudits frélons, voilà comme vous seriez tous, Messieurs, de sages abeilles réunies pour distiller le miel de la sagesse.

M. COCUS.

Oh, que c'est bien dit !

LE MARQUIS.

C'est admirablement pensé, Madame !

RECTILIGNE, (*qui a écouté assis, appuyé sur ses poings & mordant ses ongles*).

Oui, oui, bien, bien !

Mme. DE FOLINCOURT, (*au jeune d'Olmont qui a tiré ses tablettes & qui écrit*).

Que faites-vous là, Monsieur ?

D'OLMONT, fils.

Je recueille précieusement d'aussi belles paroles, Madame ; je craindrois que ma mémoire ne les laissât échapper, & je les place sur ces tablettes à côté des oracles que j'ai entendus prononcer à Ferney.

Mme. DE FOLINCOURT.

Vous êtes bien digne, Monsieur, de l'admiration & de l'attachement des personnes illustres, puisque vous faites autant de cas de leurs sentences. Mais je brûle d'impatience de recevoir l'épître immortelle que vous avez à me remettre.

M. COCUS.

Ce doit être un de ces chefs-d'œuvres, de ces panégyriques adroits qui furent toujours le prix de ceux que notre grand patriarche a coutume de recevoir.

Mme. DE FOLINCOURT.

Oh ! en pareil cas, il n'est jamais resté en arriere !

RECTILIGNE.

Je vous en répons : il y a quarante ans que le courrier me rapporte éloge pour éloge.

LE MARQUIS.

Il y en a dix que je travaille ; je pourrois, compris demandes & réponses, en publier un in-folio : mais il faut être modeste.

RECTILIGNE.

Sans doute, il n'y a rien de si puant que de se louer soi-même : il faut confier ce soin, ou se déguiser alors sous le nom d'autrui, & puis, quand on a des amis.... sans doute, sans doute.

M. COCUS.

Oh ! c'est la pratique constante parmi nous, & il seroit fâcheux pour l'illustre société que quelqu'un donnât prise à l'impertinente critique, par quelque imprudence de ce genre.

Mme. DE FOLINCOURT.

Je le sens, mais enfin, Messieurs, vous conviendrez qu'il est beau de voir des gens de lettres se soutenir.

D'OLMONT, fils.

Beau, Madame ! & c'est précisément par ce côté que l'univers vous admire, c'est pour cela qu'on vient de ses extrémités chercher des réputations auprès de vous.

Mme. DE FOLINCOURT.

Oh ! Monsieur, nous nous piquons d'en faire à nos amis, & même nous defaisons celles de ceux qui sont assez téméraires pour n'en pas être.

M. COCUS, (*avec importance*).

On noue ici des couronnes de laurier, & l'on forge des foudres, Monsieur.

RECTILIGNE, (*avec emphase*).

Malheureux ceux sur qui elles tombent!

Mme. DE FOLINCOURT,

Mais n'oublions pas cette lettre précieuse.

D'OLMONT, fils.

Il y a quinze jours, Madame, que ce trésor a été remis entre mes mains, il m'est trop cher pour ne pas le garder avec précaution; je tiens cette lettre précieuse dans une boëte d'or, & je compte vous la remettre.

Mme. DE FOLINCOURT.

Ah! Monsieur, souffrez que je vous embrasse, une fois, deux fois, trois fois & cent fois.

M. COCUS.

Voilà ce qui s'appelle rendre hommage au génie.

LE MARQUIS.

D'or! cela est fort de mon goût, & fut toujours de celui du très-illustre.

M. COCUS.

C'est ainsi qu'Alexandre tenoit Homere. . . . , Madame, il me vient une idée.

Mme. DE FOLINCOURT,

Voyons.

M. COCUS.

Ce jour est un jour solemnel.

Mme. DE FOLINCOURT.

Fort bien,

M. COCUS.

Monsieur peut être regardé comme un envoyé extraordinaire.

Mme. DE FOLINCOURT,

Oh! très-extraordinaire!

M. COCUS.

Eh bien, la remise de sa lettre de créance doit vous être faite, tous les états assemblés.

Mme. DE FOLINCOURT,

Excellent, Monsieur Cocus, fort bien imaginé.

M. COCUS.

M. COCUS.

Celui qui tient le sceptre du Génie, vaut bien un autre Monarque.

Mme. de FOLINCOURT, (*avec empressement*).

Oh! oui, & vous serez l'introducteur; je vous demande le secret, mes amis; il faut ménager le plaisir de la surprise à toute notre assemblée.

SCENE VI.

LES MÊMES, M. DULUTHÈ.

Mme. DE FOLINCOURT, (*le voyant arriver*).

AH! voici le plus jeune, & non pas le moindre de nos prosélites.

M. DULUTHE.

J'accours, Madame, pour apprendre les nouvelles du grand-maître, & connoître son illustre émissaire.

Mme. DE FOLINCOURT.

Chut, Monsieur l'Ambassadeur n'est encore ici que *incognito.*

M. DULUTHE.

Un Ambassadeur!

D'OLMONT, fils.

Oui, de la plus grande de toutes les puissances, celle qui commande à l'immortalité.

M. DULUTHE.

On ne sauroit en vérité parler plus dignement de celui qui vous députe.

D'OLMONT, fils, (*affectant de l'enthousiasme*).

Qui me députe, ah! Madame, ah! Messieurs, si vous aviez vu ce souverain du Parnasse, recevoir le Ministre d'un grand Roi, comme je l'ai vû; qu'il a bien soutenu la dignité de son rang!

Mme. DE FOLINCOURT.

Daignez nous conter cela, Monsieur; on recueille

K

ici avec foin les plus petits traits de ce grand perfonnage.

D'OLMONT, fils.

Un inconnu fe préfente à la porte du Château.

Mme. DE FOLINCOURT.

Dites du Temple, Monfieur, du Temple!

M. DULUTHE.

Oui, Madame, vous avez raifon, & chez ce grand
homme, une baffe-cour devient un parvis.

D'OLMONT, fils.

Bravo! Madame, j'accepte la métamorphofe, & je
vois avec plaifir que fes plus jeunes facrificateurs ne
font pas les moins fervens.

M. DULUTHE.

Monfieur, je fçais de fes miracles; mes tragédies;
vous les connoiffez?

D'OLMONT, fils. (à part).

Pas trop. (haut) Eh bien, Monfieur?

M. DULUTHE.

Il n'a fait que les toucher, & le plomb s'eft con-
verti en or pur.

D'OLMONT, fils.

Vous êtes trop modefte, Monfieur.

M. DULUTHE

Ah! Monfieur.... (il fe rengorge), mais continues
de grace, c'étoit vous interrompre pour peu de chofe.

D'OLMONT, fils.

L'inconnu demande à être introduit: qui eft-ce,
dit le demi-Dieu? Cela à l'air d'un homme de lettre,
lui repond-on. — Vîte, ma perruque. — On fort, on
vient lui redire à l'oreille que c'eft un Ambaffadeur,
mais un Ambaffadeur véritable au moins: qu'on me
rende mon bonnet de nuit, réprend judicieufement
le modele des Philofophes.

Mme. DE FOLINCOURT.

Oh! quel homme!

M. DULUTHE.

Que cette fimplicité eft fublime! & cet étiquette bien
conçue, pour venger le favoir de l'orgueil de la puif-

fance! que c'eft exercer d'une maniere fublime la dictature du génie !

RECTILIGNE.

En vérité, notre ami eft grand dans les plus petites chofes.

M. COCUS

Quelle leçon pour le fiecle, Madame, quelle leçon !

Mme. DE FOLINCOURT.

Et pour ceux à venir, Monfieur Cocus.

LE MARQUIS.

Il faudroit le configner à l'article Bonnet, dans notre grand dictionnaire.

RECTILIGNE, (*gravement*).

Je crois qu'elle feroit mieux placée fous le mot Perruque.

D'OLMONT, fils.

Et moi, je le réferverois pour le mot Sottife.

(*Tous avec étonnement*).

Comment, fottife !

D'OLMONT, fils.

Oui, Meffieurs : jugez comme Monfieur l'Ambaffadeur dût avoir l'air fot en voyant le fage en bonnet de nuit.

TOUS.

Bien penfé, Monfieur.

SCENE VII.

LES MÊMES, LISETTE, UN LAQUAIS.

LISETTE, (*en entrant*).

IL y a trente-deux de ces Meffieurs d'arrivés, Madame.

Mme. DE FOLINCOURT.

Un moment, Lifette. (*Elle compte tous ceux qui font fur la Scene, excepté d'Olmont.*)

Trente-trois, trente-quatre, trente-cinq, trente-six.
Allez, Lisette, qu'on attende encore.

LE LAQUAIS, (*en entrant*).

M. Thomassin, M. Calcas, & M. Faribolle, viennent
d'entrer, Madame.

Mme. DE FOLINCOURT.

Et trente-neuf. Oh, pour ces derniers, ils ne seront
point *ad honores*. Vous sçavez, Messieurs, que le buste
du grand homme fait le quarantieme.

LISETTE (*à part*).

Eh voilà le nombre des Elus !

Mme. DE FOLINCOURT.

Allons nous mettre à table.

D'OLMONT, fils, (*bas à Lisette*).

Songe à la lettre.

LISETTE.

Oh, Monsieur, le caractere est imité d'après celle que
j'ai dérobée à Madame ! . . . mais à tromper l'homme
divin lui-même. Le faussaire y met la derniere main,
& vous l'aurez avant le dessert.

D'OLMONT, fils, (*bas à Lisette*).

Bon, mon audience ne doit commencer que quand
on sera sorti de table.

LISETTE.

On vous la portera en grande cérémonie

Mme. DE FOLINCOURT.

Allons, noble & sçavant étranger, venez vous placer au vrai Licée, entre tous les sages, & que cette
premiere faveur soit le juste prix de votre admiration
pour celui qu'ils regardent comme le premier d'entr'eux.

(*Tous les Acteurs, excepté Lisette, sortent en faisant
mille cérémonies, & affectant de se donner le pas suivant
leur célébrité ; c'est-à-dire, d'abord à l'étranger & à Madame de Folincourt, & ensuite à Rectiligne, Cocus, au
Marquis ; Duluthe affecte de sortir humblement le dernier*).

SCENE VIII.

SCENE VIII.

LISETTE, *seule*, (*elle rit*).

AH, ah, ah, ... Oh les bons originaux. Allez, illuftres perfonnages, volez au repas de Trimalcion, bon
appétit, & grand bien vous faffe. Au moins il y a la
à manger pour un régiment ; & fi quarante Auteurs peuvent en venir à bout, même en mettant dans leurs po-
ches, je tremble pour Madame ; il faudra bien qu'elle
renonce à leur faire fête, ou que par prudence elle mette
à fond perdu.

SCENE IX.

LISETTE, HENRIETTE.

LISETTE.

AH ! vous voilà, Mademoifelle, vous n'êtes donc pas
du feftin ?

HENRIETTE.

Non, Lifette, je fubis ma pénitence.

LISETTE.

En vérité, vous êtes bien à plaindre. Sçavez-vous
bien que d'Olmont a fait des merveilles ? Comment ! mais
il pourroit être bel efprit fans faire d'apprentiffage.

HENRIETTE.

Eh ! n'a-t-il pas le brevet de maîtrife en poche ?

LISETTE.

J'ai cru d'abord qu'il découvriroit la fraude, & que
Madame pourroit faire quelque difficulté de l'enregiftrer.
J'étois dans ce cabinet, où je fuivois tout de l'œil ; mais
la bonne dame étoit fi aife, fi aife, qu'elle ne lui a pas
feulement demandé exhibition.

L

HENRIETTE.

Comment donc, Lisette?

LISETTE.

Non, Mademoiselle, il s'y est si bien pris, & a si heureusement bavardé, qu'on l'a d'abord accepté pour un envoyé extraordinaire : aussi doit-on lui faire une entrée publique.

HENRIETTE.

Une entrée publique!

LISETTE.

Oui, tantôt, à l'ouverture du Bureau.

HENRIETTE.

Mais, cela sera très-plaisant. Je ne suis pas méchante, Lisette, j'ai cependant quelque regret de ne pouvoir prendre ma part d'une aussi bonne scene. Encore une fois, comment d'Olmont a-t-il pu s'y prendre pour les captiver si vîte?

LISETTE.

Bon, Mademoiselle, les Beaux Esprits ne sont-ils pas comme les jolies Femmes? moyennant un peu d'encens & quelques fadeurs, ils avalent tout. Allons, allons, faisons place, Mademoiselle; c'est ici qu'on fera la cérémonie. On ne tardera point à y tout préparer.

ACTE IV.

SCENE PREMIERE.

D'OLMONT, fils, LISETTE.

(Pendant l'entr'Acte on a dû préparer la Scene, en y mettant une table longue, couverte d'un tapis, y plaçant des globes, des machines ; d'un autre côté, une caisse où l'on suppose des livres nouveaux, & une pile de différens Journaux & feuilles périodiques).

LISETTE, *d'abord seule.*

AH ! voici tout préparé pour nos Doctes Assises. Comment donc, vous voilà ?

D'OLMONT, fils, *arrivant d'un autre côté.*

Oui, je me suis échappé pendant le café. Ah ! ma pauvre Lisette, je n'en puis plus, je suis excédé & désolé : je crains d'avoir fait une école.

LISETTE.

Comment donc, Monsieur, que vous est-il arrivé ?

D'OLMONT, fils.

De faire un dîner détestable, d'être étourdi par un tas de foux que j'avois bien de la peine à surpasser en absurdités & en ridicules ; & malgré tout cela, Lisette, d'avoir fait une conquête qui pourra bien nous donner de l'embarras.

LISETTE.

De l'embarras, Monsieur ! fût-ce celle de Madame de Folincourt, vous ne devez pas en être embarrassé.

D'OLMONT, fils.

Non, Lisette, non : c'est la sçavante Angélique. Je crois quelle m'a reconnu.

LISETTE.

Reconnu ! vous me faites trembler.

L ij

SCENE II.

LES MÊMES, ANGÉLIQUE, *survenant.*

ANGELIQUE.

EH bien , Monsieur le Sçavant , vous fauffez donc compagnie comme cela?

D'OLMONT, fils.

Très-illuftre Demoifelle....

ANGELIQUE.

Ceffez de feindre, Monfieur d'Olmont, & dites-moi pourquoi ce traveftiffement burlefque? Quel motif pouvez-vous avoir pour venir jouer un pareil perfonnage chez ma tante ?

LISETTE, *à part.*

Oh ! ma foi, tout eft perdu.

D'OLMONT, fils, (*après avoir héfité un inftant, & paroiffant prendre fon parti*).

Ne blâmez pas, adorable Angélique, un artifice innocent , que l'amour m'infpire pour obténir votre main. Aidez-moi , au contraire à voiler ma recherche, & à la déguifer fous les traits étrangers qui puiffent flatter Madame de Folincourt.

ANGELIQUE, *d'un air attendri.*

Eft-ce bien pour moi, d'Olmont, que vous avez eu recours à ce déguifement ?

D'OLMONT, fils.

En pouvez-vous douter ! J'ai fuivi mon pere ici avec l'aveu du vôtre , pour venir y demander votre main , ou , fur votre refus , celle de votre aimable fœur. Mon pere a parlé , Madame de Folincourt étoit peu difpofée à l'entendre ; elle lui a fait connoître fes intentions fur vous : mon pere s'eft rejetté fur Henriette, il a reçu encore le plus cruel des refus. Indifférent fur cette derniere perte, mais défefpéré de ne pouvoir vous obtenir, j'ai hafardé le perfonnage que je joue , & me voici à vos pieds pour entendre mon arrêt.

ANGÉLIQUE.

Relevez-vous, d'Olmont; cette feinte est inutile; ma tante a changé de fentiment, & je me flatte de la faire confentir à notre union.

D'OLMONT, fils.

Ah ! Mademoifelle, puifque j'ai ofé commencer une fcene auffi hardie, fouffrez que je la termine avec bien-féance : vôtre tante, indignée de l'entreprife, pourroit m'en punir.

ANGELIQUE.

Vous avez fait une imprudence, d'Olmont; mais le motif m'en eft affez cher, pour que je vous aide à vous en tirer : je confens à fermer les yeux, & même à feconder cette comédie jufqu'à la fin.

D'OLMONT, fils, *lui baifant la main.*

Adorable Angélique.

ANGELIQUE.

Je vous avouerai même qu'actuellement que je fuis au fait, vous jouez fi bien votre perfonnage, que je veux prendre ma part de l'amufement. Adieu, très-illuftre Confrere. (*Elle fort en riant*).

SCENE III.

D'OLMONT, fils, LISETTE, (*qui le regarde avec étonnement*).

D'OLMONT, fils.

EH bien, te voilà toute pétrifiée, Lifette.

LISETTE.

Eft-ce tout de bon, Monfieur ?

D'OLMONT, fils, *après un éclat de rire.*

Tout de bon, mon enfant ; eh non, non, ce n'eft pas tout de bon : l'amour que j'ai pour Henriette m'a plus ouvert l'efprit en un quart-d'heure, que les quarante Elus n'auroient fait pendant un fiecle, avec toute leur doctrine.

LISETTE.

Comment ! mais, Monfieur, j'y aurois été prife, moi.

D'OLMONT, fils.

Voilà, grace au Ciel, un fâcheux témoin d'écarté. Adieu, Lifette, je rentre auffi. Puiffe l'amour, qui a fi bien commencé, achever fon ouvrage.

SCENE IV.

LISETTE, *feule*.

MAIS, en vérité, ce jeune homme-là en fçait prefqu'autant qu'une fille ; il a une préfence d'efprit qui me déconcerte, moi. J'entends quelqu'un, ce font fûrement nos Sçavans qui s'écoulent par ici : je me retire.

SCENE V.

RECTILIGNE, LE MARQUIS.

LE MARQUIS.

EH bien, mon ami ?

RECTILIGNE.

Je vous embraffe de bon cœur, & je vous fais compliment.

LE MARQUIS.

Comment donc, compliment ?

RECTILIGNE.

Oui, vous ferez l'époux de la charmante Henriette.

LE MARQUIS.

Eft-il bien poffible !

RECTILIGNE.

Il n'y manque plus qu'une petite formalité ; c'eft l'aveu de cette aimable fille, & le confentement du bon homme Lifimon, fon pere.

LE MARQUIS.

Mais je ne conçois pas, mon ami, comment vous avez pu réuffir fi vîte auprès de la tante, dans une négociation qui me paroiffoit affez critique.

RECTILIGNE.

Eh ! mon Dieu, dès la premiere ouverture la bonne femme s'eft rendue, c'étoit fon projet. Cette femme aime furieufement les fciences.

LE MARQUIS.

Il faut bien que cela foit. Mais, entre-nous, Henriette n'eft pas tout-à-fait de la même humeur ; & comme mon amour-propre ne porte pas fur le phyfique, je crains fort qu'elle ne foit difficile à déterminer.

RECTILIGNE.

Bon, nous avons déterminé la tante, la tante a déterminé la dot, la dot déterminera le pere, & le pere déterminera la fille.

LE MARQUIS.

Voilà ce qui s'appelle tirer des conféquences.

RECTILIGNE.

Ma foi, mon pauvre ami, le plus embarraffant vous regarde. Mais voici la tante.

SCENE VI.

LES MÊMES, Mme. DE FOLINCOURT.

Mme. DE FOLINCOURT.

APPROCHÉ - VOUS, Marquis ; il eft donc vrai que l'amour foumet tout ; je fuis flattée que ce foit par ma main qu'il veuille couronner un fage ; vous avez prévenu mes defirs, Marquis, & puifque, maigré fa fimplicité, Henriette a pu vous plaire, fon retour au couvent, où j'allois la renvoyer, n'aura pas lieu : c'eft une idiote dont vous ferez peut-être quelque chofe ; mais il ne faut pas moins que vous pour cela,

LE MARQUIS.

Comment, Madame ?

Mme. DEFOLINCOURT.

Oui, Marquis, oui Marquis, ce miracle vous étoit réservé ; & en vérité, puisque le ciel m'a affligée en mettant dans ma famille un esprit fourvoyé, que je m'apprêtois à cacher dans un cloître ; je suis trop heureuse que l'étincelle de quelques dispositions vous frappe assez pour vous engager à vous en charger ; Angélique, de son côté, vient de m'apprendre une nouvelle qui me met au comble de la joie.

LE MARQUIS.

Nous la partageons bien sincerément, Madame.

Mme. DEFOLINCOURT.

Croiriez-vous qu'en si peu de temps elle a trouvé le chemin du cœur de l'illustre étranger, oh ! je serois enchantée que cette affaire puisse se conclure ; j'avois bien d'autres vues pour elle, mais cela étoit encore éloigné & incertain : concevez-vous bien, Monsieur Rectiligne, concevez-vous bien le plaisir que je vais avoir ; je verrai mon nom porté à la postérité, avec celui de mes illustres neveux.

RECTILIGNE.

Oh ! Madame, c'est aller bien glorieusement à l'immortalité, que d'y aller en famille.

Mme. DEFOLINCOURT.

Et les rejettons, Monsieur, & les rejettons !

RECTILIGNE.

Comment, Madame, les rejettons du Marquis ? En considérant la souche, on peut se faire une idée des branches.

Mme. DEFOLINCOURT.

On dira, en parlant de nous dans deux siecles, dans trois, dans quatre, cinq, six, sept, vingt siecles ! quelle femme admirable ! quelle famille étonnante ! c'étoit le savoir, le génie, &c.

RECTILIGNE.

Oui, à moins que quelque comete ne vienne déranger tout cela ; la surface de ce monde sublunaire à la chance d'être peuplé de sçavans.

Mme. DE FOLINCOURT.

Rejoignons nos Illustres, nous reprendrons après la séance cet entretien si flatteur, & nous nous occuperons de l'exécution des projets les plus agréables que j'aie faits de ma vie; je ne suppose pas mon imbécille de frere, assez sot pour s'opposer au bonheur de ses filles, quoiqu'il m'ait députe tantôt un grand flandrin de prétendu de la Province, avec son cher papa, que je n'avois pas encore tout à fait congédié, mais que je vais expédier dans les formes. (*Ils sortent*).

SCENE VII.

LISETTE, D'OLMONT, fils.

LISETTE, (*sortant du cabinet*).

OH! parbleu, nous verrons cela; bon, voilà les choses qui s'embrouillent : la bonne Dame de Folincourt est d'humeur mariante, voilà le bon moment pour faire jouer toutes nos machines.

D'OLMONT, fils, (*arrivant*).
Eh bien, Lisette, le précieux paquet?

LISETTE.
Il est arrivé, Monsieur, vos heyducs attendent vos ordres.

D'OLMONT, fils.
Fort bien.

LISETTE.
Eh dites-moi donc, Monsieur, toute cette cohue va-t-elle se rassembler ici?

D'OLMONT, fils.
Non, mon enfant, tout les honoraires sont partis pour aller faire la sieste

(*Deux laquais apportent le Busse de. . . . & le mettent sur un piedestal, au centre de la table à tapis vert.*)

M

LISETTE.

Ils dormiront mal, le festin grec leur donnera plutôt mal au cœur qu'une indigestion : mais voilà un des convives que l'on vient de placer au bureau ; vîte, vîte, je me sauve, la science pourroit bien me suffoquer ; elle est assommante, sur-tout quand elle arrive en corps.

SCENE VIII.

Mme. DE FOLINCOURT, M. COCUS, M. RECTILIGNE, LE MARQUIS, M. CUCURBITIN, M. DULUTHE, M. THOMASSIN, M. FARIBOLLE, M. CALCAS, D'OLMONT, fils, ANGÉLIQUE, GROUPPE DE BEAUX ESPRITS.

(Madame de Folincourt se place à la droite du Buste, & fait placer Rectiligne à la gauche ; auprès d'elle, à droite, d'Olmont fils ; ensuite, du même côté, M. Cucurbitin, M. Thomassin ; de l'autre côté, M. Cocus, M. Faribolle, M. Calcas ; ensuite les autres beaux-esprits se répartissent des deux côtés, Duluthe à un bout un peu à l'écart ; le Marquis se met en dehors de la table, vis-à-vis le demi cercle que forme les Acteurs, Angélique se tient à deux pas derriere sa tante ; après avoir tous salué le Buste, les Acteurs s'asseoient ; Mme de Folincourt prend alors la parole, après avoir toussé plusieurs fois.

Mme. DE FOLINCOURT.

JE m'attendois, Messieurs, que ce jour seroit pour moi un jour de tristesse, il devroit l'être en effet, puisqu'il précede de très-peu celui qui doit me séparer de vous ; mais que ce sentiment est tempéré par la joie que me caufe l'arrivée d'un illuftre étranger: oui, Meffieurs, c'eft un jour de gloire, par les aufpices auguftes fous lefquels il vient ajouter fes lumieres à nos travaux.

(Ici le fond de la fcene s'ouvre, deux hommes en livrée apportent une caffette, fur laquelle eft une couronne de laurier; d'Olmont reçoit la caffette de leurs mains, & la dépofe avec refpeƈt vis-à-vis du bufte, enfuite il préfente la clef à Mme. de Folincourt; celle-ci, en baifant la couronne de laurier, dit) :

Mme. DE FOLINCOURT.

Feuillage augufte, fymbole du génie & de l'immortalité, fur ce front, quelle main profane oſera jamais te toucher. *(Elle couronne le Bufte)*.

M. DULUTHE, *(avec enthoufiafme, fe tournant vers le Bufte)*.

Ta mufe fous ce voile invifible eft préfente,
Et de ce docte corps l'ame toute puiffante.

M. FARIBOLLE.

Bien appliqué, Monfieur Duluthe, bien appliqué.

(Mme. de Folincourt, après avoir tiré de la caffette la boëte d'or, en tire la lettre, l'ouvre, & la paffe au Marquis pour en faire leƈture.

LE MARQUIS, *(lit)*.

» A Madame de Folincourt, &c.

» Au deffous de ces Monts hériffés de frimats,
» Fourré comme un lappon, tapi comme un hermite,
   » J'acheve ma courfe ici bas,
   » Plaignant les foucis l'embarras,
   » Des pauvres humains que je quitte ;
» Pour vous ma mufe y diƈte encor ces vers.
» Triftes enfans, reffemblans aux déferts,
   » Qu'en fon déclin leur pere habite ;
   » Souvent à par moi j'y médite,
   » Et m'applaudis de voir que l'Univers,
   » Graces à tant d'écrits diferts
   » Que fabrique la docte Elite,

» Et que Paris me fournit tous les mois,
» Bien moins bigot, moins fot, moins hypocrite,
» Aille un peu mieux qu'il n'allait autrefois.

» Oui, Madame, infiniment mieux ; Fréderic, le
» grand Fréderic fut mon ami : je demande fi les
» fiecles précédens ont vu les Rois amis des Gens de
» Lettres. Ce Monarque a fait regner dans le Nord
» les Arts & la politeffe. Dans peu d'années, les
» Magnats de Pologne ne battront plus leurs payfans,
» & ne viendront plus à Paris apprendre à danfer. La
» barbarie difparaît de l'Europe entiere; d'un de fes
» bouts à l'autre, on voit fleurir les fciences, & on
» lit mes ouvrages. Croiriez-vous, Madame, que j'ai
» vû l'autre jour deux de mes tragédies, traduites en
» Calmouque.

Me. DE FOLINCOURT.
En Calmouque! Mais, vraiment, je le crois bien.

LE MARQUIS, (*continuant à lire.*)
« Mais ce n'eft pas affez de penfer à éclairer fon fiecle;
» il faut encore s'occuper du bonheur de la poftérité. La
» nôtre, Madame, eft celle qui doit nous toucher de
» plus près. J'ai entendu dire que vous aviez deux nieces,
» jeunes & charmantes, il faut les pourvoir. J'ofe pré-
» fumer que l'alliance intellectuelle que nous avons con-
» tractée, m'autorife à difpofer de mes filles. L'aimable
» & fçavant jeune homme que je vous envoie, Madame,
» eft auffi mon fils adoptif; je ferais heureux que vous
» l'acceptiez de ma main pour votre neveu, fuivant
» l'ordre ordinaire. Il a de la naiffance & de la fortune,
» & ce font les moindres titres auprès de vous. »

RECTILIGNE, *à part.*
Je demeure ftupefait d'étonnement. Cela pourroit déranger les projets du Marquis.

Mme. DE FOLINCOURT, *avec enthoufiafme,*
& dans un excès de joie.
Oui, Monfieur, je vous reçois de fa main, & je vous
adopte. L'honneur, en vérité, étoit bien affez grand par
lui-même; mais c'eft un Dieu qui commande, & il fera
obéi.

M. Cocus.

M. COCUS.

Hic certe melibœe Deus !

Mme. DE FOLINCOURT.

Ma niece est à vous. Le Marquis aura sa sœur ; & je vous laisse le maître de la moitié de mon bien dans le contrat que je suis prête à signer. Angélique, voilà votre époux ; baisez la main immortelle qui a pris soin de votre félicité.

(*Angélique fait une révérence, & sourit à d'Olmont.*)

D'OLMONT, fils, *à part.*

Tout va à merveilles, il n'y aura qu'un quiproquo à faire, & il est des gens qui en font pour de l'argent.

FARIBOLLE.

En vérité, voici la matiere du plus joli Conte moral que j'aurais fait de ma vie.

M. THOMASSIN.

Et un caractere de femme que j'ai oublié dans mon Essai.

M. CALCAS, *à d'Olmont.*

Monsieur, vous me rappellez Ulysse à son arrivée chez la Princesse Nausica.

Mme. DE FOLINCOURT, *regardant dans la cassette.*

Ah ! mon Dieu, que vois-je, Messieurs ? un Ecrit, & du grand homme, sans doute. (*Elle le passe au Marquis.*) Lisez, Monsieur, lisez, mon illustre neveu voudra bien me le permettre.

D'OLMONT, fils.

Madame, ce dernier chef-d'œuvre d'une main féconde était destiné à vous être présenté.

LE MARQUIS, *lit.*

« Préservatif contre la barbarie Anglaise, adressé à
» mes fideles amis & à mes illustres suppôts, pour les
» garantir du mauvais goût ».

M. DU LUTHE.

C'est bien dit, le mauvais goût !... Le mauvais goût est le fléau des Lettres, & le bon goût en est l'âme. Ce mot goût contient tout, renferme tout ; heureux qui a

le goût, malheureux qui ne l'a point faifi ; il faut avoir
un goût fûr, un goût fin, un goût délicat. Le goût....

LE MARQUIS, *avec humeur.*

Le goût, le goût. Eh ! Monfieur, il faudrait avoir
le vôtre.

M. DU LUTHE.

Le mien, Monfieur ! J'abandonne aux autres toutes
prétentions au génie, à la pénétration profonde ; mais
pour le goût, Monfieur, lorfqu'il eft queftion du goût...
Envain la médiocrité rampante....

LE MARQUIS.

Eh ! mon Dieu, Monfieur, nous laifferez-vous lire ?

M. DU LUTHE.

Pardon, Monfieur, de vous avoir interrompu. Lorfqu'il eft queftion du goût je m'échauffe & m'oublie.

LE MARQUIS, *reprenant fa lettre.*

» Pour les garantir du mauvais goût.

M. DU LUTHE.

Et leur rendre le bon goût, fans doute ?

LE MARQUIS, *avec impatience.*

Eh ! non, Monfieur, il n'y a point cela.

M. DU LUTHE,

Pardon, encore une fois, Monfieur, pardon.

LE MARQUIS, *continue à lire.*

« Et pour prévenir fur-tout les impreffions que certain
» Poëte Anglais pourrait faire fur les ames faibles , &
» quelques découvertes dont Martin Frelon n'aurait pas
» manqué de tirer parti, s'il n'avait ignoré la langue
» Anglaife ». Mes amis, rappellez-vous mon Poëme-
Epique : il eft bien vrai que dans Homere....

M. CALCAS.

Homere, Monfieur, Homere ! Arrêtez un inftant,
Monfieur, s'il vous plaît, Homere ! Je fçais bon gré au
très-illuftre perfonnage, de placer Homere là.

Mme. DE FOLINCOURT.

Je crois effectivement qu'on peut le mettre immédiatement après lui.

M. CALCAS, *avec cha'eur.*

Ah ! Madame, fi vous fçaviez le Grec, le Patos, la

Calon, les Idiômes divers ! je n'ose pas prononcer les
Modes. Quelle reſſource en Grec, Madame, que les
Modes. Homere ! c'eſt le génie pur & ſimple ; oui, tout
pur, Madame : il a ce coup d'œil, ce regard. (*Il imite*
le regard.)

D' O L M O N T, fils.

Mais, il était aveugle, Monſieur.

C A L C A S.

Que dites-vous ? Homere aveugle ! aveugle, Monſieur,
Homere ! il y voyait tout comme moi, & je ne ſuis
point aveugle. Oui, Monſieur, quand mon ame eſt
exaltée par la Poéſie d'Homere, je vois tout...... les
Dieux, les Héros, les Combats, les Nymphes, les
Mers, les Fleuves, la Terre ; tout cela s'offre tour-à-
tour. L'Univers rapproché, tourne.....

D' O L M O N T, fils, *à part.*

Comme votre tête.

C A L C A S, *s'échauffant.*

Le jour, Apollon ; la nuit, la triple Hécate.

L E M A R Q U I S.

Mais, Monſieur, Monſieur, écoutez donc !

C A L C A S, *s'aſſéyant bruſquement.*

J'y ſuis, de toutes mes oreilles, Monſieur.

L E M A R Q U I S, *continuant à lire.*

L'âne....

C A L C A S.

Qu'appellez-vous l'âne, Monſieur ?

L E M A R Q U I S.

Je continue ma lecture. « Il eſt bien vrai que dans
» Homere, l'âne annobli, figure ſouvent à la place du
» courſier ; je n'ai pu haſarder une pareille licence ; j'a-
» vais cependant des titres pour me la permettre, &
» j'en ai été tenté plus d'une fois. Le ſiecle ingrat &
» rebelle m'aurait oppoſé le goût. Toute ma réputation
» ne m'eût point ſauvé. Souffrirez-vous, mes amis,
» qu'un Anglo-Saxon uſurpe un privilége que je n'ai
» pas. De petits Traducteurs voudraient immoler ce
» goût tout-puiſſant au plaiſir de voir des ſpectres éter-
» nels. Il eſt vrai que, d'après lui, j'ai haſardé une fois
» une apparition, elle m'a réuſſi. Je recommande ces

» Messieurs à notre ami Monsieur Duluthe; je le prie
» de les arranger comme il faut le mois prochain. J'es-
» pere que quand on aura lu la feuille où il vient d'être
» installé, & la petite dissertation que je vous envoie,
» on pourra fort bien penser à les loger aux petites mai-
» sons ».

Mme. DE FOLINCOURT.

En vérité, ce sera les traiter avec trop d'indulgence
encore !

LE MARQUIS, *continuant à lire.*

« Il est bon que vous sçachiez que ce malheureux Sha-
» kespear, tout barbare qu'il est, a fait quelques pieces
» où il y a des choses supportables ; par exemple,
» Othello, César. Vous connaissez la perversité de cer-
» taines gens. Si la traduction faisait fortune, leur ma-
» lice irait y chercher des rapports avec quelques-uns
» de mes Chef-d'œuvres. Ce Public, à qui j'en ai tant
» fait accroire, pourrait fort bien se laisser entraîner.
» Pour prévenir le coup, je vais prouver à toute la
» France qu'il ne faut pas qu'elle le lise ; n'est-ce pas le
» moyen le plus sûr ? Je vous demande là-dessus votre
» avis, mes amis ; le cas est d'autant plus grave & plus
» important, qu'il s'agit de prévenir la chûte & la dé-
» cadence des Lettres ».

Mme. DE FOLINCOURT.

Il a raison, Messieurs, il a raison. Cette décadence
prendra son cours, du moment où on admirera d'autres
ouvrages que les siens & les vôtres.

M. DULUTHE.

Ah! Madame, Madame, l'époque n'est pas éloignée!
je suis né trop tard, je crains de voir ce siécle pervers.
Imaginez-vous que l'on blasphême déjà contre le goût;
il y a des gens assez hardis pour renier Racine, & soutenir d'après la populace grossiere de Londres, qu'à
Paris nous n'avons ni épuisé l'art, ni fixé ses bornes.

Mme. DE FOLINCOURT.

Aux petites maisons, aux petites maisons.

M. DULUTHE.

C'est un grand homme qui l'a dit.... Oh! Racine,

exceptez notre maître, peut-il y avoir quelque chose après toi?

Mme. DE FOLINCOURT.

Entendez-vous l'Anglais, Monsieur?

RECTILIGNE.

Non, Madame.

Mme. DE FOLINCOURT.

Vous, Monsieur?

M. COCUS.

Pas du tout.

Mme. DE FOLINCOURT.

Vous?

M. CUCURBITIN.

Pas un mot.

Mme. DE FOLINCOURT.

M. Thomassin?

M. THOMASSIN.

J'en ai une faible idée.

Mme. DE FOLINCOURT.

Personne ici ne sait l'Anglais?

TOUS.

Personne.

Mme. DE FOLINCOURT.

Oh bien! Shakespear est un barbare; qui pourrait contredire cela? Il faut en avoir un exemplaire, & l'immoler au juste courroux du grand homme.

M. COCUS.

C'est bien dit, Madame, & pour donner l'exemple, brûlons la traduction.

Mme. DE FOLINCOURT.

Je suis de cet avis.

TOUS.

Brûlons.

Mme. DE FOLINCOURT.

Lisette, des flambeaux.

LISETTE, (*en dedans*).

On vient, Madame.

(*Un Laquais apportant des flambeaux*).

Mme. DE FOLINCOURT.

C'est à vous, Monsieur......

D'OLMONT, fils. (*Il regarde avec surprise*).

A moi, Madame! au feu, au feu.

(*Il brûle l'Exemplaire*).

Mme. DE FOLINCOURT.

O! homme immortel! puisse cette holocauste appaiser ton génie irrité! Marquis, acte dans les archives de cette grande exécution. L'Apothéose de Frétillon ne fut pas accompagnée d'un pareil sacrifice.

LE MARQUIS.

Je m'y mets à l'instant, Madame. (*Il écrit*).

D'OLMONT, fils, (*à part*).

Quels fanatiques, bon Dieu!

Mme. DE FOLINCOURT.

Je crois que c'est terminer notre séance par un coup d'éclat.

SCENE IX.

LES MÊMES, UN LAQUAIS.

LE LAQUAIS.

MADAME, voici les nouveautés.

Mme. DE FOLINCOURT.

Ah! elles arrivent à propos.

(*On les passe au Marquis, il ouvre une brochure*).

LE MARQUIS, (*lisant*).

Journal Politique.

Mme. DE FOLINCOURT.

A la fin nous pourrons le lire, il est de la façon d'un de nos amis.

M. DULUTHE, (*se levant & lui faisant une révérence*).

Oh! Madame, rien n'est plus flatteur pour moi, que de vous convaincre que je le remplirai toujours au gré de cette assemblée.

Mme. DE FOLINCOURT,

Comment, mais, en vérité, je l'admirais, ce petit avorton de Palais, cela voulait avoir un sentiment à soi.

M. DULUTHE.

Oh, c'est ce qui ne m'arrivera jamais.

Mme. DE FOLINCOURT.

Aussi soyez bien persuadé que, si quelques esprits mal faits renoncent à vous lire, le parti, Monsieur, fera tant, tant, qu'il vous viendra de nouveaux lecteurs de tous les coins du monde connu, où il y a des académies : car enfin, Monsieur, nous faisons corps. Qu'est-ce que cette autre brochure, Marquis ?

LE MARQUIS.

C'est une piece de théâtre, Madame.

Mme DE FOLINCOURT.

Que vous appellez ?

LE MARQUIS.

Le Bureau d'Esprit.

Mme. DE FOLINCOURT.

Qu'est-ce, qu'est-ce que ce titre-là.

M. FARIBOLLE, *(se levant).*

Je sçais ce que c'est, Madame, en vérité ; c'est une satyre pitoyable, qui ne mérite pas la peine d'être lue.

CALCAS, *(se levant précipitamment).*

Non pas la peine d'être lue ; mais les flammes, Messieurs, les flammes.

Mme. DE FOLINCOURT.

Comment les flammes ?

M. CALCAS,

Oui, Madame, c'est un libelle atroce, où l'on ose tourner en ridicule les personnes les plus respectables, les grands auteurs, les protections, & même les académies.

Mme. DE FOLINCOURT.

Et on lit cela, Monsieur ?

M. CALCAS.

Il y a tant de sots & de gens ineptes !

Mme. DE FOLINCOURT.

Mais voyez donc quelle impertinence ! pour moi, je crois en effet que le siécle perd l'esprit.

M. CALCAS.

Dans une préface insolente, mais très-insolente, Madame, le petit farceur s'est avisé de faire l'Aristophane à nos dépens.

Mme. DE FOLINCOURT.

Comment à nos dépens?

M. CALCAS.

Eh oui, Madame, à nos dépens : car c'est nous qu'il timpanise. Ce petit Monsieur se donne les airs de dire dans une préface, que la clique, qui a mis M. Wasp sur la scène, n'a pas droit de s'offenser qu'on use envers elle de la même licence.

Mme. DE FOLINCOURT.

Mais, voilà une impudence révoltante, & jouera-t-on cela, Monsieur?

M. CALCAS.

Non, Madame, non. Les Comédiens ne font pas assez hardis, & s'il s'en avisaient, il faudrait avoir recours à l'autorité, Madame.

Mme. DE FOLINCOURT,

Oui, Monsieur, à l'autorité; & je suis persuadée que nos honoraires remueraient les Puissances.

M. FARIBOLLE.

Oui, Madame, cela est juste; mais pour éviter l'indécence d'une pareille situation, il ne faut que du crédit dans les foyers, & nous en eûmes toujours; j'y ai des tenans & aboutissans, moi.

Mme. DE FOLINCOURT.

Il faut écraser cet atôme, Journaux, affiches, satyres, sarcasmes, en un mot, toutes les armes du parti; mais, Messieurs, connais-t-on l'auteur de cette piece audacieuse?

M. CALCAS.

C'est un jeune homme, Madame, qui ose débuter par-là.

M. DULUTHE.

Eh bien! Madame, que pensez-vous de mes pronostics?

Mme. DE FOLINCOURT.

Vous aviez raison, Monsieur, les tems de la barbarie

reviennent à tire-d'aîles, & voilà encore un de leurs avant-couriers. Oh! grand homme! grand homme! il nous faudra bien des préservatifs!

M. DULUTHE.

Oui, Madame, car on rit de ces platitudes là. La baſſe littérature gagne terrein.

Mme. DE FOLINCOURT.

En vérité, je ne puis réſiſter à la décadence où je vois cet âge vers ſa fin. Allons, Meſſieurs, écrivez, écrivez, & fermez ſur-tout l'accès aux honneurs littéraires à tous ces hommes là; ils ſuccomberont, ils ſuccomberont!

TOUS.

Ecrivons.

M. DULUTHE.

Oh! pour moi, Monſieur, le Candidat dramatique, je vous deſtine un bel article dans ma feuille prochaine.

M. FARIBOLLE.

Je lui réſerve un Conte, & une Parodie.

Mme. DE FOLINCOURT.

J'applaudis à cette noble colere; ne perdez pas un inſtant, je vous promets des partiſans & des admirateurs.

(Les Acteurs ſe levent, & ſe ſéparent avec cérémonie; Mme de Folincourt à Rectiligne, au Marquis & au jeune d'Olmont.)

Pour vous, Meſſieurs, nous paſſerons, s'il vous plaît, dans mon cabinet, où nous avons à traiter une autre affaire.

Fin du quatrieme Acte.

ACTE V.

SCÈNE PREMIERE.

D'OLMONT, fils; LISETTE.

D'OLMONT, fils.

VOILA, ma chere Lisette, ce qui s'appelle être bien initié.

LISETTE.

Oui, vraiment, Monsieur, très-bien; mais ne perdez pas un instant, & puisque Madame vous laisse ce soin, allez trouver M. votre pere, & voyez avec lui à prendre des arrangemens avec le Notaire.

D'OLMONT, fils.

Il doit dresser les deux contrats, Lisette : ils sont en tout pareil; il n'aura qu'une transposition de nom à faire,

LISETTE.

Vous, voyez, Monsieur, assurez-vous en.

(D'Olmont fils, sort).

SCENE II.

D'OLMONT, pere, LISETTE.

LISETTE.

Bon. L'un fort par un côté, & celui-ci rentre de l'autre.

D'OLMONT, pere, (*brufquement*).

Eh bien! que veulent donc dire toutes ces contradictions; ta Maîtreffe s'imagine-t-elle que je fuis auffi fou qu'elle.

LISETTE.

Oh! Monfieur, ma maîtreffe a beaucoup d'imagination.

D'OLMONT, pere.

Comment donc, elle s'avife ce matin de me prendre pour un favant, enfuite elle me refufe tout plat, & avec la froideur la plus infultante : une demi-heure après, autre lubie; on m'écrit, on me mande qu'on confent à donner Angélique à mon fils, & au moment même où, en rentrant chez moi, je reçois cette derniere épitre, on m'envoie dire d'y refter. Un pareil procédé, Lifette, me met dans une colere. . . . . . . Oh parbleu! M. Lifimon, vous avez là une bécaffe de fœur, qui ferait bien mieux d'apprendre à vivre, que d'être favante.

LISETTE.

Monfieur, je vous réponds qu'on lui en donne aujourd'hui une leçon qui pourra fort bien opérer.

D'OLMONT, pere.

Parbleu, je te réponds qu'elle en aura deux, car je fuis venu ici exprès. . . .

LISETTE.

Ah! Monfieur, calmez-vous un peu.

D'OLMONT, pere.

Me calmer! lorfqu'on me joue. . . . .

LISETTE.

Eh! Monfieur, ce n'eft pas vous qu'on joue.

D'OLMONT, pere.

Eh! qui donc, morbleu?

LISETTE.

Au nom de Dieu! parlez plus bas. C'eſt Madame, Monſieur, Madame!

D'OLMONT, pere.

Comment donc cela?

LISETTE.

Vous ſerez vengé. La bête eſt priſe, & dans ſon propre trébuchet.

D'OLMONT, pere.

Expliquez-moi donc tout cela?

LISETTE.

Allez, Monſieur, M. votre fils vous cherche pour vous mettre au fait; il vous en fera tout le détail, le dénouement approche.

D'OLMONT, pere.

Mais encore!

LISETTE, (avec impatiennce).

Allez donc, Monſieur. Courez, votre préſence peut nous nuire ici, & elle eſt importante ailleurs.

D'OLMONT, pere.

Mais, dis-moi donc du moins. . . . .

LISETTE.

Je vous dis que vous allez tout gâter, & que M. votre fils vous cherche pour paſſer chez le Notaire.

D'OLMONT, pere.

Le Notaire! . . . . Je n'entends rien à tout cela.

LISETTE.

Eh, mon Dieu! hâtez-vous de joindre M. d'Olmont, il vous le dira.

D'OLMONT, pere.

Allons donc, auſſi bien je n'ai jamais vu fille ſuivante auſſi difficile à faire parler.

LISETTE.

Ni moi, homme plus entêté, ni plus curieux. Allez donc, M. d'Olmont, allez donc.

D'OLMONT, pere, (fort impatienté).

J'y vais, mais . . . . . mais, patience . . (il ſort).

LISETTE.

LISETTE.

Oh! oui, patience; vous en avez autant que Madame de Folincourt a de doctrine.

SCENE III.

HENRIETTE, LISETTE.

LISETTE, *(voyant arriver Henriette)*.

EN voici encore une . . . . . pour celle-là du moins, si elle est un peu impatiente elle a sujet. Le titre de fille est un fardeau, (*elle soupire très-fort*) je sais ce que c'est moi.

HENRIETTE.

Ma chere Lisette, sommes-nous bien avancée?

LISETTE, *(malignement)*.

Oui, Mademoiselle, & dès ce soir vous serez Madame la Marquise d'Orsimon.

HENRIETTE.

Ah! Ciel, que m'apprends tu?

LISETTE.

Votre très-illustre tante, cette femme qui donne le ton à son siécle, & commandera encore bien avant dans les âges à venir, a remué l'urne de vos destinées, & vous avez eu le billet blanc.

HENRIETTE.

Eh! peux-tu t'imaginer que j'y souscrive?

LISETTE.

Très-fort même, & je vous conseille de ne pas hésiter.

HENRIETTE.

Qui, moi, signer! . . . . .

LISETTE.

Oui, Mademoiselle, oui; nous aurons l'adresse de corriger en tapinois la malignité de ce destin-là; montrez seulement de la soumission, & ne vous inquiétez de rien.

P

HENRIETTE.

Tu me rends la vie, ma chere Lisette.

LISETTE.

Tenez, voici justement votre prétendu, bourrez-moi cet animal-là d'importance. Il va vous dire des douceurs, ayez un peu le plaisir de désarçonner un Philosophe.

HENRIETTE.

Je crois que c'est chose facile.

LISETTE.

Celui-ci m'a bien la mine de ne vous pousser que de pauvres argumens.

SCENE IV.

LES MÊMES, LE MARQUIS.

LE MARQUIS.

PERMETTEZ-VOUS, Mademoiselle, que je vous apprenne la résolution que Madame votre tante a prise de nous unir.

HENRIETTE.

Comment, de nous unir?

LE MARQUIS.

Oui, Mademoiselle.

HENRIETTE.

Quoi! sans mon aveu & sans me consulter! n'avez-vous pas craint, Monsieur, de rencontrer des difficultés de la part de mon pere, ou de la mienne?

LE MARQUIS.

Pour Monsieur votre pere, il a laissé Madame de Folincourt, l'arbitre souveraine de votre destinée. Pour vous, Mademoiselle, vous êtes trop raisonnable pour....

HENRIETTE.

Croyez-vous donc que ce serait être déraisonnable, Monsieur, que de ne pas sentir pour vous le moindre penchant,

LE MARQUIS.

Mademoiselle, je n'oserais préfumer. . . . .

HENRIETTE.

Ah! je vous réponds, Monfieur, que j'ai quelquefois très-peu de raifon.

LE MARQUIS.

Il en eft une, Mademoifelle, à qui toutes les autres cédent, c'eft celle de la convenance. Or, Madame votre tante la met de mon côté, en vous affurant la moitié de fon bien en faveur d'un hymen, qu'elle a fûrement fes raifons pour approuver.

HENRIETTE.

Je vois, Monfieur, qu'un Philofophe n'eft pas fort généreux: les avantages & la décifion feule qui peuvent venir de ma tante, le font paffer fur mon aveu perfonnel.

LE MARQUIS.

Oh! Mademoifelle, un Philofophe raifonne, il connaît l'hymen; il fait que d'ordinaire au bout de fix mois de fon lien, l'amour prend congé; alors l'amité, ou la raifon....

HENRIETTE.

Mais, Monfieur, l'averfion, le dégoût, l'antipathie, enfin. . . . .

LE MARQUIS.

Tout cela, Mademoifelle, & la vengeance même..... oui, la vengeance. . . . . la vengeance des femmes, ne fauraient déconcerter un Philofophe.

HENRIETTE, (*avec effroi, bas à Lifette*).

Oh! mon Dieu! l'abominable homme, Lifette?

LISETTE.

Mais, Monfieur, fi Mademoifelle avait le cœur prévenu pour un autre.

LE MARQUIS, (*d'un fang froid exceffif*).

Eh bien! on lui donnerait le tems de revenir de fa préoccupation, & pour faciliter la chofe on fe donnerait bien de garde de le contredire.

LISETTE.

Mais, fi l'objet pour qui Mademoifelle aurait du

penchant, n'était pas homme à céder facilement sa conquête ?

L E M A R Q U I S.

Je tâcherais de lui prouver. . . .

L I S E T T E.

Prouver, Monsieur, & qu'elle solution peut-on donner, s'il vous plaît, à quelqu'un qui nous pousse un ar-
gument à la gorge.

L E M A R Q U I S.

Alors, la prudence dit qu'il faut décliner, & faisant
une retraite devant l'ennemi, le combattre par la ruse.

L I S E T T E.

Mais pour faire retraite, Monsieur, il faut montrer le
dos, & il frapperait encore dessus.

HENRIETTE, (*se met à rire à gorge déployée.*)
Eh bien ! que répondez-vous à cela, Monsieur ?

LISETTE, (*rit à éclater avec Henriette*).

LE MARQUIS, (*décontenancé*).

Oh ! nous verrions, nous verrions. (*à part*). Cet entretien devient désagréable & embarrassant

L I S E T T E, (*malignement*). . . . .

J'ai entendu dire, Monsieur, qu'un certain jeune homme
de Province, d'humeur pétulante & tapageuse, était en
cette ville, & que comme il vous regardait comme un
rival, il vous cherchait pour . . . . .(*faisant une botte*).

L E M A R Q U I S, (*inquiet*).

Il me cherche, il me cherche ?

L I S E T T E, (*faisant semblant d'aller vers
la porte*).

Oui, Monsieur, mais, tenez, ... je crois que je
l'apperçois . . . . .

LE MARQUIS, (*tremblant*).

Comment, vous l'appercevez ?

LISETTE, (*auprès de la porte faisant semblant de
parler à quelqu'un dehors*).

Oui, Monsieur d'Olmont, entrez par ici, voici M.
le Marquis qui . . . .

L E M A R Q U I S (*effrayé*).

Non, non, je me retire, je ne veux pas avoir une
scène, moi ! (*Il se sauve par un autre côté*).

LISETTE ET HENRIETTE, (*riant*)
LISETTE.

Ah! Mademoiselle, le brave homme qu'un Philosophe! Mais j'entends tout le monde remuer, & le
cabinet de Madame s'ouvre; vîte, cédons leur la place
encore une fois.

SCENE V.

Mme. DE FOLINCOURT, RECTILIGNE,
LE MARQUIS, MESSIEURS COCUS,
CUCURBITIN, CALCAS, THOMASSIN,
FARIBOLE, DULUTHE.

Mme. DE FOLINCOURT, (*continuant un
entretien*).

VOTRE prévoyance est fort à sa place, Monsieur
Rectiligne; notre illustre chef est d'un âge avancé, il
se casse, & n'est immortel que dans ses écrits.

RECTILIGNE.

Ah! Madame, l'empire des lettres réclame le choix
d'un autre modérateur.

M. DULUTHE.

Oui, l'Anarchie, Madame, l'effroyable Anarchie y
mettra le désordre & la confusion.

RECTILIGNE.

Cette ligue judicieuse & . . . . nécessaire; oui, nécessaire, Madame, qui nous a soutenus contre les efforts
de l'envie audacieuse & implacable : cette ligue ne
peut subsister sans avoir immédiatement un soutien
dans un mortel choisi.

Mme. DE FOLINCOURT.

Je sens cela comme vous, Messieurs.

M. DULUTHE. (*à part*).

Voyons un peu si l'on sera de bonne foi dans cette élection !

LE MARQUIS.

Je crois que le choix ne sera pas douteux, & que si il faut un successeur, le mérite & les travaux l'ont assez désigné.

RECTILIGNE, (*avec modestie*).

Mais je ne vois pas trop. . . . .

LE MARQUIS, (*finement*).

On ne mérite jamais mieux une couronne, que quand on n'y aspire pas.

M. DULUTHE.

Doucement, Messieurs, doucement ; ceci est une affaire grave & essentielle, il ne faut rien faire avec précipitation.

RECTILIGNE, (*faussement*).

Sans contredit , il ne faut pas que le préjugé. . . .

M. DULUTHE.

Le préjugé ! mais il est tout en faveur de celui qui ressemblera le plus à l'homme qui regne, il faut qu'il soit grand.

M. RECTILIGNE.

Sans doute.

M. DULUTHE.

Sublime.

M. RECTILIGNE.

Précisément.

M. DULUTHE.

Universel.

M. RECTILIGNE.

A peu-près.

M. DULUTHE.

Il y a un talent essentiel, dont on ne peut lui faire grace, un don privilégié d'en haut, une influence céleste.

RECTILIGNE.

Qu'entendez-vous par là ?

M. DULUTHE.

Le goût, Monsieur, le goût.

M. RECTILIGNE.

C'eft-à-dire, le nôtre.

Mme. DE FOLINCOURT.

Bien entendu !

M. DULUTHE.

Et fur-tout, Meffieurs.

M. RECTILIGNE.

Sur-tout ?

M. DULUTHE.

Qu'il foit Poëte.

LE MARQUIS, (*à part*).

Je crois, fur mon honneur, que ce petit compagnon
a la fatuité de fe défigner lui-même.

M. RECTILIGNE.

Poëte, Monfieur ! . . . Je ne vois pas cette né-
ceffité-là.

LE MARQUIS.

Ni moi non plus.

M. DULUTHE.

Oh ! Monfieur, je vais la démontrer.

M. RECTILIGNE, (*avec humeur*).

Démontrer ! Démontrer eft fort bon, Monfieur !

M. DULUTHE, (*avec douceur*).

Oui, Monfieur, démontrer.

M. RECTILIGNE.

Ah, Monfieur, va démontrer ! . . .

LE MARQUIS.

Quelque écart Poëtique, fans doute !

M. DULUTHE.

1°. Les complimens ...

M. RECTILIGNE.

Il les fera en profe, Monfieur.

M. DULUTHE.

En profe, Monfieur, des complimens !

LE MARQUIS.

Oui, Monfieur, un jeune homme, comme vous voyez,
ne fçait pas tout ; vous citez un compliment en vers,
parce que vous n'en avez jamais fait comme cela, qu'il
ne vous en ait valu un autre ; on encourage quelque-

fois un enfant, mais on rit du pigmée qui veut faire le géant tout d'un coup.

M. RECTILIGNE, *(bas au Marquis)*.

A merveille, ce petit rimailleur veut déjà trancher du grand homme.

M. DULUTHE.

Pigmée, Monsieur, j'en appelle à Madame, vous insultez le corps; il n'y a point de pigmée ici.

LE MARQUIS.

Non, mais pour être monté sur les épaules d'autrui il ne faut pas tout d'un coup se croire un Titan.

M. RECTILIGNE, *(bas au Marquis)*.

Bien repliqué.

M. CALCAS.

Eh! doucement, Messieurs, doucement; l'humeur gâte tout, & vous allez révéler le secret de l'illustre société.

RECTILIGNE.

Sans doute, Monsieur Calcas a raison; il faut se modérer, & attendre les honneurs.

CALCAS.

Je vous conseille, Messieurs, de jetter les yeux sur un homme judicieux, savant, dont le génie dégagé de la teinte de son siécle, ait été nourri du lait pur de l'antiquité; non pas à la vérité de l'antiquité pésante & didactique, *(regardant M. Cocus)*; mais de cette pure flamme qui embrâse & qui inspire. . . .

LE MARQUIS, *(à part)*.

Je crois que ce fou là à envie aussi de se remettre sur les rangs. *(haut)* Messieurs je ne vois qu'un homme parmi nous, je ne dis pas seulement capable d'être le successeur, mais même l'émulé de l'homme célebre, & la postérité éclairée à l'imitation de ce siecle, les placera sur la même ligne.

M. DULUTHE, *(avec prétention)*.

Cela se peut, Monsieur, je le pense bien ainsi; mais les suffrages doivent être libres.

LE MARQUIS.

Libres! petit poëtereau!

DULUTHE.

M. DULUTHE.

Misérable Panégyriste! parce qu'il n'est point une niche où vous ne vouliez placer votre saint.....

(Ils se menacent).

Mme. DE FOLINCOURT.

Ah! Messieurs, arrêtez-vous donc.

RECTILIGNE, *(froidement)*.

En vérité, M. Duluthe, vous êtes bien emporté.

M. DULUTHE.

Comment donc, emporté?... Poëtereau! avez-vous entendu, Monsieur? Poëtereau!....

M. RECTILIGNE.

Eh! oui, Monsieur. Cette espéce de gens-là est plus propre à être trompette d'un parti qu'à en être le chef; & j'ai souvent appliqué cette pensée à votre ancien. Il est vrai que la renommée d'un homme peut bien quelquefois décider à le reconnoître pour maître, malgré l'infériorité de son espéce; Poëtereau, Poëte, comme vous voudrez.....

M. CALCAS.

Ah! Monsieur!... Homere.....

RECTILIGNE.

N'étoit qu'un sot auprès d'Archimede.

M. CALCAS, *(fâché)*.

Un sot! Monsieur, Homere un sot!

M. DULUTHE, *(l'encourageant)*.

Fort bien, M. Calcas, fort bien; il m'en a dit bien d'autres à moi.

M. CALCAS, *(se retournant brusquement)*.

Oh bien, à la bonne heure, Monsieur; mais pour Homere, c'est comme s'il m'en disoit à moi-même.

LE MARQUIS, *(ricannant)*.

Il serait pourtant difficile de prendre l'un pour l'autre.

CALCAS, *(écumant de colere)*.

Oh! pour le coup, Monsieur, vous passez toutes le bornes, & je vous ferai bien voir.....

Mme. DE FOLINCOURT.

Au nom de Dieu! Monsieur, point de bruit. N'allez

pas comme les successeurs d'Alexandre, partager un Empire qui ne peut subsister que par l'union.

CALCAS.

Oh parbleu! tant que vous voudrez, Madame; mais, on m'insulte!

(On entend du bruit; tout le monde se hâte de se remettre de la chaleur de la dispute, en se faisant des signe de se contenir. Après un moment de silence on se rassure).

Mme. DE FOLINCOURT.

Ah! Messieurs, si vous saviez qu'il faut de précaution & de politique, pour qu'un corps savant se soutienne; combien il serait dangereux que l'ennemi connût les divisions qui peuvent s'y glisser.

RECTILIGNE, *(avec un air de profonde réflexion).*

C'est très-justement observé, Madame.

Mme. DE FOLINCOURT.

Eh, mon Dieu! il est un moyen de vous mettre tous d'accord. Laissez à l'homme immortel le soin de désigner lui-même. . . .

M. THOMASSIN.

Voilà ce qui s'appelle un avis sage.

FARIBOLE, *(d'un ton précieux).*

Je suis prêt à rendre hommage à celui qu'il le substituera, pour moi je suis modéré comme ce pauvre Bélisaire.

M. DULUTHE.

Comme cela, d'accord.

LE MARQUIS, *(à Rectiligne, à part).*

Par-là, mon ami, ces bonnes gens nous cèdent le haut du pavé.

M. DULUTHE, *(à part).*

Je lui dédierai six Tragédies; je ferai vingt Odes à sa louange; je déchirerai tout, anciens & modernes; il faudra bien que je l'emporte.

RECTILIGNE, *(au Marquis).*

Vous avez raison, Marquis; le vieux renard est trop fin pour se donner un versificateur pour substitut, il aime mieux laisser un vuide.

CALCAS.

Voilà ce qui s'appelle de la modération, cela! (*à part*).
Je ne pourrai porter ombrage, je n'ai jamais écrit une
ligne.

(Pendant la fin de cette scène, Madame de Fo-
lincourt doit aller de l'un à l'autre, pour s'assurer
que la tranquillité est rétablie).

SCENE VI.

LES MÊMES, LISETTE, LE NOTAIRE, D'OLMONT, fils.

LISETTE.

Madame, votre Notaire est arrivé.

Mme DE FOLINCOURT.

Qu'il entre, Lisette.

LISETTE.

Le voici avec votre illustre neveu, Madame.

Mme. DE FOLINCOURT.

Eh bien, Monsieur, avez vous stipulé l'assurance de la
moitié de mon bien à chacune de mes niéces.

LE NOTAIRE.

Oui, Madame, vous plaît-il que je fasse lecture.

Mme. DE FOLINCOURT, (*avec empres-*
sement).

Eh! non, non, Monsieur, Dieu me préserve d'entendre ce style barbare; il suffira bien de signer. Lisette,
faites descendre mes niéces.

(*Lisette sort*).

SCENE VII.

LES MÊMES.

Mme. DE FOLINCOURT, (*à d'Olmont fils & au Marquis*).

Nous fignerons toujours le contrat, & comme je ne préfume pas que mon frere refufe de le ratifier; j'aurai toujours le plaifir, en attendant fon arrivée, de vous regarder comme mes illuftres neveux; s'il arrivoit qu'il me fît quelques-unes de ces objections; que l'on peut attendre d'un homme de cette lourde cathégorie, j'aurai toujours un engagement à lui oppofer.

SCENE VIII.

LES MÊMES, ANGELIQUE, HENRITTE, LISETTE.

Mme. DE FOLINCOURT.

Mes niéces, j'affure aujourd'hui votre gloire & votre bonheur à la fois. J'efpere, Henriette, que vous ne ferez aucune difficulté d'obéir.

HENRIETTE.

Mais, Madame....

Mme. DE FOLINCOURT.

Comment! mais, Mademoifelle. Quel! mais pouvez-vous avoir?

HENRIETTE.

Je vais figner, Madame, puifque vous le voulez.

(*Madame de Folincourt, le jeune d'Olmont, le Marquis, & quelqu'autres fignent le contrat*).

UN LAQUAIS.

UN LAQUAIS.

M. d'Olmont, pere, Madame.

Mme. DE FOLINCOURT.

Eh, mon Dieu! que vient-il faire ici?

SCENE IX & derniere.

LES MÊMES, D'OLMONT, pere.

D'OLMONT, pere, (*en entrant*).

Madame, je viens vous témoigner ma joie & ma reconnaissance du choix que vous venez de faire de mon fils pour votre nevéu.

(*Il prend le contrat des mains du Notaire, & le signe*).

Mme. DE FOLINCOURT.

Qu'est-ce que cela véut donc dire, Monsieur?

D'OLMONT, pere.

Que je me rends à vos desirs, Madame, & ratifie l'alliance que vous venez de former.

Mme. DE FOLINCOURT.

Je voudrais bien savoir, Monsieur, comment cette alliance-là a besoin de votre ratification?

D'OLMONT, pere.

Comment? mais vraiment ce docteur-là m'appartient d'assez près, pour que je me mêle de ses affaires.

Mme. DE FOLINCOURT, (*avec joie.*)

Ah! Monsieur, c'est M. votre fils! . . . . . & que ne disiez-vous cela d'abord?

D'OLMONT, fils.

Pardonnez, Madame, à l'amour malheureux, l'artifice qu'il m'a inspiré.

ANGELIQUE.

Oui, ma chere tante, M. d'Olmont n'était pas savant; mais pour obtenir votre aveu, & votre consentement à notre union . . . . .

R

D'OLMONT, fils, (*à Angélique*).

Il faut encore que je vous détrompe, Mademoiselle ; M. le Marquis était mieux votre fait que moi, & le contrat qu'on vient de signer, assure ma félicité en m'unissant à votre aimable sœur.

Mme. DE FOLINCOURT.

Mais que veut donc dire tout cela ? Jouons-nous la Comédie !

LISETTE.

Oui, Madame, & nous en sommes précisément au dénouement. Monsieur n'est point savant, il est amoureux ; & grace au docte affublage dont il s'est revêtu, & à une belle lettre dont nous avons payé la façon à un bel esprit, qui travaille pour le public, il est l'époux de Mademoiselle Henriette.

Mme. DE FOLINCOURT, (*furieuse*).

Comment, jouer ainsi une femme comme moi !

ANGELIQUE.

Cela est violent, Madame, cela est violent !

LISETTE, (*à Angélique*).

Vous l'auriez trouvé plus doux, Mademoiselle, s'il vous eut eû pour objet !

D'OLMONT, fils, (*aux genoux de Madame de Folincourt*).

Pardonnez, Madame, une surprise que je justifierai....

Mme. DE FOLINCOURT.

Comment, Monsieur, vous n'arrivez pas du pays de Gex ?

D'OLMONT, fils.

Non, Madame.

Mme. DE FOLINCOURT.

Et cette lettre ?

D'OLMONT, fils.

N'en était pas ; mais, Madame, je fais à vos pieds le serment solemnel d'y aller, & de vous en rapporter une : j'ai l'honneur d'être connu du grand homme & d'en être estimé.

Mme. DE FOLINCOURT, (*après un moment de réflexion*)

Eh bien, à cette condition, relevez-vous.

A N G E L I Q U E, *(avec dépit)*.

Comment, Madame, vous pardonnez !.....

Mme. D E F O L I N C O U R T.

Oui, ma niéce ; mais vous n'y perdrez rien, le Marquis, déjà si célébre.....

A N G E L I Q U E, *au Marquis qui s'approche*.

Dieu, quelle horreur !   (*elle sort avec rage*).

Mme. DE F O L I N C O U R T, *(courroucée)*.

Mais voyez donc l'extravagante.

L E M A R Q U I S, *(confus)*.

Ce n'est rien, Madame, ce n'est rien.   (*Il sort*).

L I S E T T E.

Un sage se console de tout.

D ' O L M O N T, pere.

Nous la dédommagerons, Madame ; & puisqu'un sçavant lui fait peur, je me charge de lui chercher un grand garçon, comme celui-là.

Mme. D E F O L I N C O U R T.

Quoi, Monsieur ! qui ait autant d'esprit ?

D ' O L M O N T, pere.

Vous en inspirez à tout ce qui vous entoure. Il me semble que cela me prend aussi, moi.

Mme. D E F O L I N C O U R T, *(satisfaite)*.

Fort bien, en vérité !

D ' O L M O N T, pere.

Ah ca, d'Olmont, je t'enjoins de te rendre digne d'être bientôt un adepte. Si les illustres veulent bien me le permettre, je me flatte de tenir mon coin parmi eux, pour le moins à table.

T H O M A S S I N, *(poliment)*.

Avec un esprit gai, & un bon cœur, on est toujours assez sçavant.

L I S E T T E.

C'est encore plus qu'il n'en faut pour un honoraire.

F I N.